# Meine
# ITALIENISCHE KÜCHE

# Daniela Borgnolo

# *Meine* ITALIENISCHE KÜCHE

## Die besten Rezepte aus der Trattoria Romagnola

Fotografie  Brigitte Wegner

# Vorwort

> *»Ich wünsch' mir,*
> *dass jeder Gast,*
> *der zu mir kommt,*
> *das Essen genießt*
> *und mit einem*
> *Lächeln die*
> *Trattoria verlässt.«*

Im März 2005 hatte meine Trattoria Romagnola in Darmstadt zwanzigjähriges Jubiläum. So ist dieses Kochbuch ein Geburtstagsgeschenk. Es ist meinen Gästen und all denen gewidmet, die mich in diesen letzten zwanzig Jahren unterstützt haben. Erleben Sie mit mir einige Stationen meines Wegs noch einmal, aber lassen Sie sich vor allem zum Genuss verführen! Meine Rezepte sollen Ihnen Freude machen. Ich zeige Ihnen, wie ich koche, aber so, dass Sie die Gerichte zu Hause einfach zubereiten können.

Wer mich kennt, weiß, dass ich in einer Sache keine Kompromisse mache: Die Originalrezepte meiner Küche brauchen Originalzutaten! Sie zu Hause haben da etwas mehr Spielraum – und lässt sich eine Zutat partout nicht auftreiben, gibt es immer Ersatz. Ich gehe so weit, dass ich einige Kräuter und Salate, die es sonst nur in Italien gibt, in Darmstadt bei Bekannten im Garten anpflanzen lasse. Und immer wenn ich in Italien bin, fahre ich zusammen mit meinem Mann Camillo über Land, teste und probiere, bis ich bei den Bauern oder kleinen Erzeugern die besten Käsesorten, Würste und Öle finde. Das Gleiche gilt für meine Weine, für die ich dort meine Lieferanten auswähle, und für den Fisch. Mein Fischhändler in Frankfurt kennt nach so vielen Jahren meine Wünsche und Qualitätsansprüche ganz genau.

In der Warenkunde am Ende des Buches habe ich meine Grundrezepte für Fonds und Brühen aufgeschrieben sowie zu den Zutaten, die in der italienischen Küche einfach unersetzlich sind, einige Anmerkungen gemacht. In Deutschland weniger geläufige Gemüse- oder auch Käsesorten, vor allem natürlich Typisches aus meiner friulanischen Küche, erkläre ich dort ebenfalls. Übrigens, sogar die Blüten, mit denen ich viele Gerichte dekoriere, sind speziell zum Verzehr geeignet.

*»Buon apppetito« wünscht Ihnen – Daniela Borgnolo*

*»Mein besonderer Dank gilt meinem Mann Camillo, der mich in allem so wunderbar unterstützt!«*

# INHALT

# BROT

»Brot ist bei den Italienern ein wichtiger Bestandteil des Essens.
Bloß nicht vom Tisch nehmen, bevor der Nachtisch kommt!«

# BROT *Grundrezept*

**Für 2 oder 3 Brotstangen**

**500 g Mehl Type 405 • ½ Würfel frische Hefe • ca. 320 bis 350 ml lauwarmes Wasser • 2 EL Olivenöl • 1 TL Salz**

Die Hefe in etwas lauwarmem Wasser in einer Rührschüssel auflösen. Nach und nach Mehl, restliches Wasser und Olivenöl dazugeben und kneten. Der Teig sollte schön weich sein. Erst Salz dazugeben, nachdem der Teig etwas aufgegangen ist, sonst hindert das Salz die Hefe am Wachstum. Mit Klarsichtfolie zugedeckt über Nacht in den Kühlschrank stellen. So kann der Teig ganz langsam aufgehen, fällt nicht wieder zusammen und arbeitet auch nicht nach dem Essen im Bauch weiter.

Am nächsten Tag den Teig auf einer bemehlten Arbeitsfläche in zwei oder drei Teile schneiden und in die gewünschte Form rollen. In der Trattoria gibt es meist dünnere Brote, damit mehr Kruste entsteht. Haben Sie mehrere Brotstangen geformt, legen Sie diese mit ausreichend Abstand zum Aufgehen auf ein eingeöltes oder mit Papier belegtes Backblech und lassen sie dort 30 Minuten gehen. Im auf 120 °C vorgeheizten Ofen 10 Minuten, dann bei 180 °C etwa eine halbe Stunde backen. Zwischendurch prüfen, ob es durch ist: die Kruste sollte fest und goldbraun sein.

Natürlich können Sie auch Olivenstückchen oder Gewürze wie Oregano und Fenchelkörner unter den Teig mischen. Gerade als Snack für eine Party bietet sich das an, als Beilage zum Essen sollte der Geschmack aber nicht mit dem des Gerichts in Konkurrenz treten.

*Mein Elternhaus im Friaul, 1978*

## Kochen war Frauensache

Valle heißt das kleine norditalienische Dorf, aus dem ich komme. Es liegt in der Nähe der Stadt Udine im Friaul. Mein Vater Anselmo war Holzhändler und verdiente genug, dass meine sechs Brüder und ich satt wurden. Meine Mutter Velia baute das Gemüse im Garten an. Ich war die einzige, die in der Küche mithalf, denn im Italien der 6oer Jahre hatten Jungs dort nichts zu suchen.

Von Anfang an bereitete es mir Freude zu kneten, zu rühren, zu formen – und die Löffel abzuschlecken. Meine Mutter zeigte mir die frischen Zutaten, die passenden Kräuter und verbot mir nichts, ich durfte und sollte alles ausprobieren. So lernte ich spielerisch und selbstverständlich, ganze Mahlzeiten für die Familie zu kochen.

Damals wurde in italienischen Familien zweimal am Tag warm gegessen, am Wochenende gab es Fleisch. Meine Mutter stellte alles frisch her oder machte es in Gläser ein: Dosen und Tüten gab es nicht und das ist auch heute in meiner Küche nicht anders. Alle Grundlagen lernte ich von meiner Mutter, z. B. das Pesto selber zu machen, damals noch ohne Pinienkerne, oder die vielen aromatischen Saucen. Das Credo meiner Mutter war immer: »Das Essen muss für die große Familie reichen und es muss allen schmecken!«

# FOCACCIA *mit Oliven gefüllt*

**Für 6–8 Personen**

**Zutaten für Brot (siehe Grundrezept)**
**Für die Olivenpaste: 300 g schwarze Oliven, entsteint • etwa 10 EL bestes Olivenöl**

Den Teig für die Focaccia nach dem Grundrezept für Brot zubereiten und über Nacht im Kühlschrank gehen lassen.

Am nächsten Tag die Oliven zusammen mit dem Olivenöl zu einer Paste pürieren.

Den Teig sehr dünn auf einer bemehlten Fläche zu einem Rechteck ausrollen und mit der Olivenpaste bestreichen. Dann quer wie einen Strudel aufrollen und von der langen Teigrolle 1 cm dicke Scheiben abschneiden. Die Scheiben auf ein bemehltes Backblech legen und zugedeckt an einem warmen Ort eine Stunde gehen lassen. Die aufgegangenen Scheiben im vorgeheizten Ofen bei 180°C etwa 30 Minuten backen. Zwischendurch prüfen, ob sie gar sind.

# FOCACCIA
## *mit Kirschtomaten und Knoblauch*

**Für 6–8 Personen**

**Zutaten für Brot (siehe Grundrezept) • grobes Salz • 300 g Kirschtomaten • 2–4 Knoblauchzehen • etwas Oregano • 1 Hand voll Basilikumblätter • 5–6 EL Olivenöl**

Den Teig nach dem Grundrezept für Brotteig zubereiten und zugedeckt an einem warmen Ort mindestens 1 Stunde ruhen lassen. Wenn der Teig richtig schön aufgegangen ist, auf einem bemehlten Backblech ausrollen und mit dem Daumen Vertiefungen in den Teig drücken. Salz darüber streuen und zugedeckt an einem warmen Ort für etwa eine Stunde gehen lassen.

Währenddessen die Kirschtomaten waschen und halbieren. Die Knoblauchzehen schälen und zerdrücken.

Nach dem Aufgehen die Focaccia mit Kirschtomaten, Knoblauch, Oregano und frischen Basilikumblättern belegen.

Sie können die Focaccia auch mit Rosmarinblättern, Zucchini und Zwiebeln aus der Pfanne, mit Auberginenscheiben oder Paprika belegen. Der Fantasie sind keine Grenzen gesetzt!

Zum Schluss Olivenöl über alles träufeln.

Die Focaccia muss etwa 30 Minuten im vorgeheizten Ofen bei 180°C backen. Sie schmeckt sehr gut zum Aperitif oder zu Gegrilltem. Bei Kindern ist sie ein Renner.

*Mein Weintipp* • **Prosecco**

# BRUSCHETTE

**Für 6–8 Personen**

1 Ciabattabrot • 2 Knoblauchzehen • ein paar Kirschtomaten • 1 Hand voll Basilikumblätter • 1 Bund Rucola • 150 g Mozzarella • 1 kleine Aubergine • 6 Sardellen, plus mehr zur Dekoration • 1 Stückchen Parmesan • 1 Schuss Cognac • 1 Schuss Brandy • 3–4 hauchdünne Scheiben Lardo, am besten Lardo di Colonnata • Kräuter, z. B. Dill und Schnittlauch (zur Dekoration) • etwas Thunfischcreme (siehe S. 25) • Olivenöl • Kapern • Paprika, fein gewürfelt • Salz • schwarzer Pfeffer aus der Mühle

Die Knoblauchzehen schälen und fein hacken. Die Kirschtomaten waschen und halbieren. Rucola waschen und etwas klein schneiden. Die Aubergine waschen, den Stielansatz entfernen und in Stücke schneiden. Den Mozzarella in Scheiben schneiden. Den Parmesan grob hobeln. Lardoscheiben, Sardellen und frische Kräuter, Olivenöl, Cognac, Brandy und Thunfischcreme bereitstellen. Das Ciabattabrot in Scheiben schneiden, diese halbieren und belegen: Dabei kombiniere ich Knoblauch, Kirschtomaten und Basilikumblätter sowie Rucola, Mozzarella und etwas Parmesan. Auf andere Scheiben kommt eine Paste aus geriebenem Parmesan mit etwas Cognac und Brandy oder eine Creme aus der Aubergine, die ich mit Sardellen und Knoblauch püriere. Alle belegten Brote mit Salz und Pfeffer würzen, mit Olivenöl beträufeln und im vorgeheizten Ofen bei 200°C ungefähr 5 Minuten überbacken.

Die anderen Ciabattascheiben röste ich zuerst kurz im Ofen bei 200°C und belege sie dann mit hauchdünnen Lardoscheiben, die ich mit frischem Schnittlauch oder Dill garniere, oder ich bestreiche sie mit Thunfischcreme und lege ein paar Kapern, eine Sardelle oder eine fein gewürfelte Paprika darauf. Bruschette serviert man zum Aperitif oder als Snack auf einer Party.

# GRISSINI

**Für 8 Personen**

500 g Mehl Type 405 • etwa 225 ml Wasser • 1 Würfel frische Hefe • 1 TL Salz • 10 EL bestes Olivenöl • 25 ml Milch • 1 TL Zucker

Die Hefe mit dem Zucker in etwas lauwarmem Wasser in einer Rührschüssel auflösen. Nach und nach Mehl, restliches Wasser, Olivenöl und Milch dazugeben und kneten. Der Teig sollte fest sein. Erst Salz dazugeben, nachdem der Teig etwas aufgegangen ist. Den Teig 40 Minuten zugedeckt an einem warmen Ort gehen lassen. Danach den Teig zu einer etwa 2 cm dicken Rolle formen und 2 cm dicke Stücke abschneiden. Diese mit bemehlten Händen zu langen, dünnen Stangen rollen und drehen, je dünner desto besser. Im vorgeheizten Ofen bei etwa 200°C 7 bis 8 Minuten backen.

Für Grissini mit Parmesan in den Teig 100 g Parmesan einkneten. Für Tomaten- oder Olivengrissini entweder 4 EL Tomatenmark oder Olivenpaste (siehe S. 11) untermischen. Sie können auch Sesam oder Kräuter verwenden.

Die Grissini können in einer Holzkiste an einem trockenen Ort für ein paar Tage aufbewahrt werden.

# PIZZABROT

**Für 4 Brote**

**Zutaten für Brot (siehe Grundrezept)** • Olivenöl
• **Oregano** • **Salz** • **Pfeffer aus der Mühle** • **Rosmarinblätter oder Fenchelsamen (nach Belieben)**

Nach dem Grundrezept einen Brotteig zubereiten. Wenn er fertig
aufgegangen ist, ausrollen wie für eine Pizza, nur etwas dünner. Mit Olivenöl
bestreichen und Oregano, Salz und Pfeffer, nach Belieben auch Rosmarinblätter oder
Fenchelsamen darüberstreuen. Mehrmals mit der Gabel einstechen, damit  sich während
des Backens keine Blasen bilden. Das fertig geformte Brot 30 Minuten auf dem eingeölten oder
mit Papier belegten Backblech gehen lassen. Im auf 200 °C vorgeheizten Ofen 8 Minuten backen.
Das Pizzabrot reiche ich als Beilage oder einfach zum Knabbern und Knuspern.

# PIZZA

**Für 4 Personen**

**Zutaten für Brot (siehe Grundrezept) • 400 g passierte Tomaten • Salz • Pfeffer aus der Mühle • Oregano • ein kleiner Schuss Tabasco • 1–2 EL Olivenöl • 500 g Mozzarella • 150 g gekochter Schinken • 4 eingelegte Artischocken • 200 g frische Champignons • 4 Sardellen**

Nach dem Grundrezept einen Brotteig zubereiten und über Nacht gehen lassen. Dann in 4 Teile schneiden und zu Kugeln formen. Jede Kugel sollte etwa 160 g wiegen, denn so wird es ein schöner dünner Pizzateig.

Die passierten Tomaten mit Salz, Pfeffer, Oregano sowie ein paar Tropfen Tabasco und Olivenöl vermischen und abschmecken. Statt der passierten Tomaten können Sie auch Schältomaten pürieren. Den Mozzarella abtropfen lassen und in kleine Stückchen schneiden. Die Teigkugeln dünn ausrollen, auf ein eingeöltes oder mit Backpapier belegtes Blech legen und die passierten Tomaten und den Mozzarella darauf verteilen. Danach kommt der übrige Belag. Meine Lieblingspizza ist die Capricciosa. Dafür lege ich gekochten Schinken, ein paar Artischockenscheiben und frische Champignons auf die Pizza und verziere die Mitte mit einer Sardelle.

Die Pizza etwas ruhen lassen. Im auf 200°C vorgeheizten Ofen etwa 20 Minuten backen. Es gibt unendlich viele Belagmöglichkeiten. Sie können die Pizza auch nur mit Tomaten und Mozzarella backen und erst kurz vor dem Servieren hauchdünne Scheiben Parmaschinken und eine Hand voll frischen Rucola darauflegen. Oder Sie backen sie mit Tomaten und Mozzarella und zusätzlich etwas Gorgonzola. [ohne Abb.]

# PIZZELLE
*mit Schinken und Mozzarella gefüllt*

**Ergibt 12 Stück**

**Zutaten für Brot (siehe Grundrezept) • 8 EL Tomatensugo (siehe S. 59) • 100 g gekochter Schinken • 250 g Mozzarella • 1 Hand voll Basilikum • Pflanzenöl zum Frittieren**

Nach dem Grundrezept einen Brotteig zubereiten. Der Teig wird jedoch nicht gebacken, sondern in heißem Öl frittiert. Dafür den Teig ausrollen und kleine Kreise oder Vierecke ausstechen. Die Hälfte der Teigplättchen mit Tomatensugo bedecken und mit gekochtem Schinken, Mozzarella und je einem frischen Basilikumblatt belegen. Den Rand mit etwas Wasser bestreichen und je ein unbelegtes Teigplättchen darauflegen. Die Ränder rundum fest andrücken.

Die Pizzelle kurz in heißem Öl goldbraun frittieren und möglichst noch warm servieren. [ohne Abb.]

*Mein Weintipp* • **Chardonnay oder Vernaccia**

# ANTIPASTI

»Bieten Sie so viele verschiedene Vorspeisen an
wie Gäste am Tisch sitzen.«

# ANTIPASTI

## Gegrillte Auberginen

**2 Auberginen • etwas grobes Salz • Olivenöl • 8 EL Tomatensugo (siehe S. 59)**
**• 400 g Mozzarella • 50 g Kapern • 8 Sardellen • Oregano**

Die Auberginen waschen und den Stielansatz entfernen. Die Auberginen quer in fingerdicke Scheiben schneiden, salzen und einige Minuten auf Küchenpapier liegen lassen, damit das Salz den bitteren Saft herauszieht. Den Mozzarella abtropfen lassen und in Scheiben schneiden. Die Auberginenscheiben abtupfen, mit Olivenöl einpinseln und von beiden Seiten grillen, bis sie Farbe annehmen, oder in der Pfanne im heißen Olivenöl anbraten. Auf jede Auberginenscheibe etwas Tomatensugo geben (das sollten Sie immer im Kühlschrank haben). Je 1 Scheibe Mozzarella darauflegen und mit ein paar Kapern, je 1 Sardelle und etwas Oregano verzieren. Die Scheiben für 5 Minuten unter den Grill schieben, é basta!

## Panierte Auberginen

**2 Auberginen • etwas grobes Salz • etwas geriebener Parmesan • 4–6 EL Semmelbrösel aus**
**2 Scheiben trockenem Weißbrot (siehe S. 93) • 1 Ei • Pfeffer aus der Mühle • etwas Mehl**
**zum Panieren • Öl zum Frittieren • 150 g Gorgonzola**

Die Auberginen wie oben waschen, putzen, schneiden, salzen und abtupfen. Den Parmesan mit den Semmelbröseln vermischen. Das Ei mit Pfeffer verquirlen. Die Auberginenscheiben erst im Mehl wenden, dann durch das Ei ziehen und schließlich auf allen Seiten mit der Parmesan-Semmelbrösel-Panade gut bedecken. Die Scheiben in heißem Öl goldbraun frittieren, auf Küchenpapier kurz abtropfen lassen und den Gorgonzola darauf verteilen. Im vorgeheizten Ofen bei 200°C 10 Minuten überbacken. Auberginen und Gorgonzola harmonieren sehr gut im Geschmack.

## Artischockengemüse

**4 mittelgroße zarte Artischocken • Saft von 1 Zitrone • 3 Knoblauchzehen • 2–3 Schalotten**
**• 1 EL Olivenöl • Salz • Pfeffer aus der Mühle • 125 ml trockener Weißwein • 3 Lorbeerblätter**

Die Artischocken putzen, dabei großzügig die harten Außenblätter wegschneiden, weil nur die hellgelben bis hellgrünen Teile zart und essbar sind. Die Stiele entfernen und die Böden schälen, darauf achten, dass strohige, spelzige Stücke entfernt werden. Das obere Drittel abschneiden und das »Heu« mit einem Löffel herauskratzen. Die Böden mit den Herzen in Scheiben schneiden und sofort in Zitronenwasser legen, damit sie sich nicht verfärben. Knoblauch und Schalotten schälen, fein würfeln und in heißem Olivenöl anbraten. Die Artischockenscheiben und frischen Lorbeerblätter dazugeben, mit Salz und Pfeffer würzen und mit geschlossenem Deckel bei niedriger Temperatur etwa 8 Minuten ziehen lassen. Mit Weißwein ablöschen und weitere 5 Minuten garen, das Artischockengemüse sollte noch Biss haben.

## Eingelegte Artischocken

**Für 2 Einmachgläser (je 500 ml)**

**6 mittelgroße zarte Artischocken • Saft von 1 Zitrone • 250 ml Weißweinessig • 1 TL Zucker • Salz • 5 Knoblauchzehen • 4 Lorbeerblätter • 500 ml Sonnenblumenöl**

Die Artischocken wie auf S. 19 beschrieben vorbereiten und sofort in Zitronenwasser legen. 500 ml Wasser mit Weißweinessig, Zucker und Salz zum Kochen bringen und die Artischockenscheiben darin 6 bis 8 Minuten garen. Währenddessen den Knoblauch schälen. Die Artischockenscheiben herausheben und abtropfen lassen. Die Einmachgläser mit kochendem Wasser ausspülen. Die Artischocken einfüllen, Knoblauchzehen und frische Lorbeerblätter dazugeben. Alles mit Öl bedecken. Für eingelegte Artischocken verwende ich kein Olivenöl, sie würden sonst gären. Die Artischocken halten sich 6 Monate an einem kühlen dunklen Ort. Sie sollten auf jeden Fall mindestens eine Woche im Öl ziehen.

## Gefüllte Artischocken

**4 mittelgroße zarte Artischocken • 100 g Schweinehackfleisch • 50 g geriebener Pecorino • 3 Knoblauchzehen • 1 Stängel glatte Petersilie • Salz • Pfeffer aus der Mühle • Saft von 1 Zitrone • 750 ml Gemüsebrühe • 3 Lorbeerblätter**

Für die Füllung das Schweinehackfleisch mit dem Pecorino verkneten. Die Knoblauchzehen schälen und 2 Zehen fein hacken, die dritte Zehe zur Seite legen. Die Petersilie waschen und hacken. Das Hackfleisch mit Knoblauch, Petersilie, Salz und Pfeffer mischen.

Die Artischocken putzen, dabei die harten Außenblätter großzügig wegschneiden und von den übrigen Blättern die Spitzen abschneiden. Das ganze obere Drittel entfernen, die Artischocken vorsichtig aushöhlen und das »Heu« mit einem Löffel herauskratzen. Die Stiele bis auf 2 cm kürzen und die Böden schälen. Die Schnittstellen sofort mit Zitronensaft beträufeln, damit sie sich nicht verfärben. Die Artischocken mit der Hackfleischmasse füllen. Die Brühe und den restlichen Zitronensaft in einem Topf erhitzen. Darin – die Brühe soll die Artischocken knapp bedecken – diese mit der ganzen Knoblauchzehe und 3 frischen Lorbeerblättern zugedeckt bei mittlerer Hitze 20 Minuten garen.

## Balsamico-Zwiebeln

**500 g kleine weiße Zwiebeln oder Schalotten • 250 ml Balsamico-Essig • 2 EL Honig**

Die Zwiebeln schälen und im Ganzen in einen Topf geben. Mit Balsamico-Essig bedecken und den Honig unterrühren. 1 Stunde köcheln lassen. Falls zu viel Flüssigkeit verdampft, etwas Wasser zugeben. Wenn eine Art Sirup übrig bleibt, sind die Zwiebeln fertig. Ich verwende am liebsten Cipolle Borettane, das sind italienische flache Zwiebeln. Sie schmecken wunderbar und dürfen auf keinem italienischen Antipastiteller fehlen. In einem schönen Glas sind sie ein tolles Mitbringsel.

## Gefüllte Zucchini

**1 kleine Zwiebel • 6 mittlere Zucchini • 2 EL Olivenöl • 50 g geriebener Parmesan • 1 Bund Basilikum • Salz • Pfeffer aus der Mühle**

Zwiebel schälen und fein hacken. Die Zucchini waschen, putzen und längs halbieren. Das Fruchtfleisch mit einem Löffel aus den Hälften lösen und mit der Zwiebel in heißem Olivenöl anbraten. Mit dem Stabmixer pürieren und mit dem Parmesan vermischen. Das frische Basilikum waschen und hacken, mit dem Zucchinipüree, Salz und Pfeffer mischen. Die Zucchinihälften damit füllen und im vorgeheizten Backofen bei 200°C für 15 Minuten backen. Sie können die Zucchini auch mit Geschnetzeltem füllen. Dazu 200 g gemischte Fleischstückchen mit 100 g fein gewürfelten Möhren oder Sellerie 20 Minuten im vorgeheizten Ofen bei 200°C rösten. Fleisch und Gemüse warm durch den Fleischwolf drehen, mit Salz und Pfeffer abschmecken. Mit 1 Ei, fein gehackter Petersilie und frisch geriebenem Parmesan vermischen. Die Zucchinihälften damit füllen und im Ofen in weiteren 20 Minuten fertig garen.

## Gegrillte Zucchini

**2 mittlere Zucchini • Salz • Pfeffer aus der Mühle • 30 g geriebener Parmesan**

Zucchini waschen, putzen, in fingerdicke Scheiben schneiden und 8 bis 10 Minuten grillen. Sofort Salz, Pfeffer und Parmesan darüberstreuen und servieren. Zucchini brauchen immer eine gute Würze wie den frisch geriebenen Parmesan.

# ZUCCHINIBLÜTEN *mit Ricottafüllung*

**Für 4 Personen**

**12 schöne Zucchiniblüten** • **2–3 Schalotten** • **300 g kleine Zucchini** • **1 gekochte Kartoffel, gerieben** • **etwas Olivenöl** • **300 g frischer Ricotta, vorzugsweise Büffelricotta** • **1 Eigelb** • **2 EL Pesto** • **Salz** • **Pfeffer aus der Mühle** • **etwas geriebener Parmesan** • **Butter zum Einfetten** • **Balsamico-Essig (nach Belieben)**

Die Blüten vorsichtig säubern, möglichst nicht waschen, damit kein Aroma verloren geht. Ein Backblech mit Butter einfetten. Schalotten schälen und fein würfeln. Zucchini waschen, putzen und klein schneiden. Beides in heißem Olivenöl andünsten und Ricotta, Eigelb und Pesto unterrühren. Die geriebene Kartoffel durch ein Sieb drücken und zum Binden der Zucchinimasse in die Pfanne geben. Mit Salz und Pfeffer würzen. Die Masse vorsichtig mit einem Teelöffel in die Blüten füllen. Den Backofen auf 200 °C vorheizen. Die Zucchiniblüten auf das Blech setzen, mit Parmesan bestreuen und 8–10 Minuten überbacken.

Sofort auf Teller verteilen. Nach Belieben ein paar Tropfen edlen Balsamico-Essig darüberträufeln.

*Mein Weintipp* • **Prosecco oder Trebbiano**

*Mit meiner älteren Cousine Norma, 1960*

## Kochen war meine Therapie

Als ich vier Jahre alt war, veränderte ein Schicksalsschlag das Leben meiner Familie. Ich war beim Spielen aus großer Höhe gestürzt und hatte mir das Hüftgelenk gebrochen. Das bemerkte zunächst keiner, doch ich fing an zu humpeln, und ein Bein schien nicht mehr zu wachsen. Im Krankenhaus rieten sie meinen Eltern zur Amputation. Davon wollte mein Vater nichts wissen und suchte den besten und teuersten Arzt in Udine auf. Gegenüber Verwandten und Bekannten verteidigte mein Vater die teure Spezialoperation: »Ich habe nur eine Tochter und ich will, dass sie ganz normal läuft!« Diese Willensstärke meines Vaters erfüllt mich noch heute mit Stolz, und ich bin ihm sehr dankbar.

Ich verbrachte Monate im Krankenhaus und im Gipsbett, und das zehrte alle unsere finanziellen Reserven auf. Mein Vater hatte von den besseren Verdienstmöglichkeiten in Deutschland gehört und entschied sich, zunächst allein nach Hagen zu gehen.

Nach dem langen unbeweglichen Liegen im Gips war die Arbeit in der Küche und im Garten meine Therapie. Mein Vater hatte Recht behalten: Ich wurde gesund und konnte wieder ganz normal laufen.

# VITELLO TONNATO

**Für 8–10 Personen**

**1,5 kg magerer Kalbsrücken, ohne Knochen • 2 Möhren • ½ Knolle Sellerie • 2 Zwiebeln • etwas rote Paprika oder Salat zum Garnieren (nach Belieben) • Pfeffer aus der Mühle
Für die Thunfischcreme: 400 g Thunfisch in Olivenöl, beste Qualität • 3 Sardellen aus dem Glas • 30 g Kapern • Saft von ½ Zitrone • 200 g Mayonnaise • Salz • Pfeffer aus der Mühle**

Möhren, Sellerie und Zwiebeln schälen und fein hacken. Für Vitello Tonnato nehme ich am liebsten Kalbsrücken ohne Knochen, würze ihn mit Pfeffer und brate ihn von allen Seiten an. Dann das Gemüse kurz mitbraten. Alles mit Alufolie abdecken, damit der Kalbsbraten nicht austrocknet, und im vorgeheizten Ofen bei 200°C etwa 1 Stunde weitergaren.

Währenddessen für die Creme Thunfisch, Sardellen, Kapern und Zitronensaft glatt pürieren. Mayonnaise unterrühren und mit Salz und Pfeffer abschmecken.

Ein Braten braucht seine Zeit. Deshalb sollten Sie ihn schon morgens zubereiten, damit Sie ihn abends kalt aufschneiden können. Er sollte mindestes 2 Stunden kaltgestellt werden. Dann mit dem Messer – Sie können auch ein elektrisches benutzen – sehr fein aufschneiden. Die Scheiben auf einer Platte anrichten und mit der Salsa Tonnata, der Thunfisch-Creme, bestreichen.

Sie können das Gericht mit Kapern und ein paar Stückchen roter Paprika oder einem kleinen Salatbouquet garnieren, damit es bunter aussieht.

*Mein Weintipp* • **Pinot Grigio oder Arneis**

# STEINPILZ-CARPACCIO
## *mit Montasio und Rucola*

**Für 4 Personen**

**300 g frische Steinpilze • ein Bund Rucola • 1 Birne • 100 g Montasio oder ein anderer würziger Käse • 4 EL bestes Olivenöl • etwas Zitronensaft • Salz • Pfeffer aus der Mühle**

Die frischen Steinpilze mit einer weichen Bürste und einem Messer säubern. Pilze niemals waschen! Dann in sehr dünne Scheiben schneiden. Sofort auf den Tellern anrichten und etwas Olivenöl und Zitronensaft darüberträufeln. Mit Salz und Pfeffer würzen.

Den Rucola waschen und kleinschneiden. Die Birne waschen, entkernen und in dünne Spalten schneiden. Den Montasio reiben und mit Rucola und Birne vermengen und auf dem Steinpilz-Carpaccio anrichten. Sie können natürlich auch einen anderen würzigen Käse nehmen, es kann sogar Parmesan oder Grana Padano sein.                [ohne Abb.]

*Mein Weintipp* • **Grecchetto oder Terre di Tufi**

# SCAMPI *auf Saubohnenpüree*

**Für 6 Personen**

**12 Scampi • 18 Scheiben Lardo, am besten Lardo di Colonnata • 500 g frische oder tiefgefrorene Saubohnen • 150 ml Milch • etwa 100 g Butter • 2 EL bestes Olivenöl • etwas Balsamico-Essig • Bärlauch- oder Basilikum-Pesto (nach Belieben) • Salz • Pfeffer aus der Mühle**

Die frischen Bohnenkerne – sie schmecken besser als die tiefgekühlten – zunächst aus der dicken Schote lösen und wie die Tiefkühlware blanchieren, in Eiswasser abschrecken und aus den dünnen Häutchen drücken.

Aus den Bohnen mit etwas heißer Milch ein Püree ähnlich einem Kartoffelpüree zubereiten. Nicht zu viel Milch verwenden, damit die Konsistenz fest bleibt. Mit etwas Butter verfeinern und mit Salz und Pfeffer würzen.

Die Scampi schälen, vom Darm befreien, den Schwanz nicht entfernen. Jeden Scampo in eine Scheibe Lardo wickeln und in Olivenöl und Butter kurz von beiden Seiten braten. Die anderen Lardoscheiben halbieren und knusprig anbraten.

Das Saubohnenpüree in der Mitte der Teller anrichten, je zwei Scampi darauflegen und mit einer halben gebratenen Scheibe Lardo garnieren. Mit Olivenöl und Balsamico-Essig beträufeln. Sie können das Gericht zusätzlich mit Bärlauch- oder Basilikum-Pesto garnieren, das sorgt für ein bisschen frische Farbe und pikanten Geschmack.

*Mein Weintipp* • Chardonnay oder Arneis

# WIRSINGFLAN

**Für 6–8 Personen**

**300 g Wirsing • 500 g Sahne • 150 g geriebener Parmesan • 35 g Speisestärke • 3 EL kalte Brühe • 4 Eier • Salz • Pfeffer aus der Mühle**

Den Wirsing säubern, blanchieren, mit kaltem Wasser abschrecken und klein hacken. Die Sahne in einem Topf erhitzen – sie darf nicht kochen, den Wirsing und den geriebenen Parmesan dazugeben. Die Speisestärke in kalter Brühe glattrühren und unter die Sahne mischen. Die Eier trennen und die Eiweiße zu Eischnee schlagen. Sobald die Wirsingmasse abgekühlt ist, erst die Eigelbe und dann den Eischnee unterheben. Mit Salz und Pfeffer würzen. Den Backofen auf 100 °C vorheizen. Die Flanmasse in ofenfeste Förmchen füllen und im Ofen etwa 50–55 Minuten im Wasserbad garen. Die fertigen Flans auf die Teller stürzen und sofort servieren. [ohne Abb.]

*Mein Weintipp* • Tocai Friulano oder Grechetto

# GEFÜLLTE AUBERGINENRÖLLCHEN

**Für 4 Personen**

**1 große Aubergine • etwas grobes Salz • Olivenöl • 200 g Gorgonzola • 2 frische Tomaten • etwas Oregano • 4 EL Kapern • etwas Tomatensugo (siehe S. 59) und gekochter Schinken (nach Belieben)**

Die Aubergine waschen und den Stielansatz entfernen. Der Länge nach in etwa 5 mm dicke Scheiben schneiden. Mit grobem Salz bestreuen und einige Minuten auf Küchenpapier liegen lassen, danach überschüssiges Salz und Wasser abtupfen. In heißem Olivenöl von beiden Seiten kurz anbraten und auf Küchenpapier entfetten lassen.

Die Tomaten waschen, vom Stielansatz befreien und in kleine Würfel schneiden. Etwas Gorgonzola, Tomatenwürfel, Kapern und nach Belieben gekochten Schinken auf einen Auberginenstreifen legen, mit Oregano würzen und aufrollen. Auf die Naht legen, eventuell zusätzlich mit einem Zahnstocher zusammenstecken.

Sie können die Auberginenröllchen auch mit Tomatensugo füllen oder zusätzlich etwas Tomatensugo darübergeben. Sogar übrig gebliebene Spaghetti mit Gorgonzola passen hervorragend als Füllung! [ohne Abb.]

# GEGRILLTER RADICCHIO
## *Trevisano Tardivo*

**Für 4 Personen**

**4 kleine Radicchio Trevisano Tardivo • 6 EL bestes Olivenöl • etwas Balsamico-Essig • Salz • Pfeffer aus der Mühle**

Diesen sehr gesunden Radicchio aus Treviso gibt es nur im Winter. Er hat lange, sehr schmale Blätter. Eine andere Radicchiosorte, der Castel Franco aus dem Veneto, ist weiß, hat rote Streifen und schmeckt sehr zart. Im Friaul gibt es noch mehr Sorten, die man in Deutschland aber nicht bekommt. Hier ist der runde, weiß-rote Radicchio der bekannteste.

Den Radicchio putzen, waschen und der Länge nach durchschneiden. In einer Grillpfanne mit Olivenöl ganz kurz von beiden Seiten anbraten, nur so, dass er zusammenfällt. Dann auf Teller verteilen. Salzen und pfeffern, mit etwas Olivenöl und gutem Balsamico-Essig beträufeln.

*Mein Weintipp* • Vernaccia di San Gimignano oder Lugana

# INSALATA DI PESCE

**Für 6 Personen**

1 mittelgroßer küchenfertiger Oktopus, 1–1,5 kg • 1 küchenfertiger Tintenfisch, knapp 1 kg
• 4 Lorbeerblätter • 2–3 Zitronen • eine Hand voll Küchenkräuter, z. B. Dill und Schnittlauch
• 400 g Shrimps • 4–6 EL bestes Olivenöl • etwas Knoblauch und Petersilie (nach Belieben)
• 2 Stangen Staudensellerie • 1 kleine rote Paprika • Salz • Pfeffer aus der Mühle

Beim Oktopus Augen und Knorpel entfernen, beim Tintenfisch Kopf und Haut. Oder die
Haut des Tintenfischs nur mit einer Messerspitze einritzen und nach dem Kochen entfernen.
Den Oktopus und den Tintenfisch getrennt in zwei Töpfen mit Wasser kochen. In das Wasser
kommen jeweils Salz, frische Lorbeerblätter, der Saft von 1 Zitrone und frische Kräuter nach
Geschmack. Je nach Größe zwischen 50 und 60 Minuten kochen und in der eigenen Brühe
abkühlen lassen. Herausnehmen und beide klein schneiden, den Oktopus in Scheiben und den
Tintenfisch in längliche Stücke. Mit den Shrimps vermischen und mit Salz, Pfeffer, Olivenöl, dem
Saft von 1 Zitrone, nach Belieben auch mit Knoblauch und Petersilie abschmecken. Ich schneide
noch Staudensellerie ganz fein und eine Paprika fein in Würfel. Sie sorgen für etwas Farbe.
Alles gut mischen. Mit Portionsringen auf dem Teller anrichten oder aus einer Tasse auf den
Teller stürzen und dekorieren.

*Mein Weintipp* • Tocai Friulano oder Terre di Tufi

# SALATE

»Für Salate nehme ich ein leichteres Olivenöl aus Ligurien. Mit Radicchio, der ja schon einen guten Eigengeschmack hat, harmonieren das ligurische Olivenöl und ein guter Balsamico.«

# PANZANELLA

**Für 4 Personen**

**500 g Weißbrot vom Vortag • 4 EL bestes Olivenöl • 1 Knoblauchzehe (nach Belieben)**
**• 300 g Mozzarella • 4–5 Sardellen in Öl eingelegt • 100 g Kirschtomaten • Basilikum**
**• 1 EL geröstete Pinienkerne • 1 EL Kapern • 20 grüne oder schwarze Oliven**
**• 1 EL Rotweinessig • Salz • Pfeffer aus der Mühle • Oregano**

Für diesen Brotsalat, eine Spezialität aus der Toskana, brauchen Sie Brot vom Vortag, am besten italienisches Landbrot.

Das Brot entrinden und in dünne Scheiben oder kleine Würfel schneiden. Etwas Olivenöl in eine beschichtete Pfanne geben, das Brot darin, nach Belieben mit etwas Knoblauch, anbraten, bis es knusprig ist. Zur Seite stellen.

Sie können normalen Mozzarella nehmen und in kleine Stücke schneiden oder kleine runde Mozzarelle im Ganzen verwenden, zum Beispiel Bocconcini di Bufala, die schmecken wunderbar. Sardellen und Kirschtomaten ebenfalls in kleine Stücke schneiden, Basilikum mit den Fingern kleinzupfen. Den Mozzarella mit den Brotstücken, Sardellen, Kirschtomaten, gerösteten Pinienkernen, Kapern, Oliven und Basilikumblättern in einer Salatschüssel mit dem Olivenöl und einem Schuss Rotweinessig vermengen. Mit Salz, Pfeffer und Oregano würzen. Sehr lecker und sehr italienisch! [ohne Abb.]

# RUCOLA *mit Borlottibohnen*

**Für 6 Personen**

**200 g getrocknete Borlotti- oder Cannellinibohnen • 2 Lorbeerblätter • 2 Salbeiblätter**
**• 2 weiße oder rote Zwiebeln • 1 Möhre • 1 Stange Staudensellerie • 4 Bund Rucola**
**• 3 EL bestes Olivenöl • 1 EL guter Balsamico-Essig • Salz • Pfeffer aus der Mühle**

Ich nehme immer getrocknete Bohnen und weiche sie über Nacht in kaltem Wasser ein. Kein Salz in das Wasser geben, sonst zerkochen die Bohnen. Am nächsten Tag abgießen und mit frischem, kaltem Wasser aufsetzen. Frische Lorbeerblätter, Salbeiblätter, 1 Zwiebel, die Möhre und die Selleriestange im Ganzen mit ins Wasser geben. Etwa 2 Stunden kochen, bis die Bohnen weich sind. Lorbeerblätter, Salbeiblätter, Zwiebel, Möhre und Selleriestange entfernen und das Wasser abgießen.

Den Rucola waschen und putzen, auf Teller legen und die gekochten Bohnen darauf anrichten. Die Bohnen können noch warm oder bereits abgekühlt sein. Die zweite Zwiebel in Ringe schneiden und die Bohnen damit garnieren. Zum Schluss Olivenöl und Balsamico-Essig darüberträufeln und den Salat mit Pfeffer und Salz würzen.

*Mein Weintipp* • **Pinot Grigio oder Merlot**

# FENCHELSALAT *mit Möhren*

**Für 2 Personen**

• 1 Fenchelknolle, ca. 200 g • 200 g junge Möhren • 5 EL bestes Olivenöl • etwas frischer Zitronensaft • abgeriebene Schale von 1 unbehandelten Zitrone (nach Belieben) • Salz • Pfeffer aus der Mühle

Der Fenchel sollte weiß und knackig sein, sonst müssen die äußeren zähen Blätter entfernt werden. Außerdem sollte das Fenchelgrün sichtbar frisch sein. Den Fenchel der Länge nach halbieren, das Grün nicht entfernen. Den Strunk aus der Mitte herausschneiden. Den Fenchel in sehr feine Scheiben schneiden oder hobeln. Die Möhren – die jungen schmecken am besten – grob raspeln.

Den Fenchel wie ein Carpaccio auf dem Teller anrichten und die Möhrenraspel daneben setzen. Olivenöl und Zitronensaft darüberträufeln und mit Salz und Pfeffer würzen. Sie können den Salat auch vor dem Servieren mischen und die Schale einer unbehandelten Zitrone hineinreiben, wenn Sie Zitronengeschmack gerne mögen.

*Mein Weintipp* • Pinot Grigio oder Sauvignon

# LAUWARMER FELDSALAT *mit Lardo*

**Für 4 Personen**

**150 g Feldsalat • 50 g Lardo, am besten Lardo di Colonnata • 4 EL Keimöl • 1 EL Rotweinessig • 1 EL Balsamico-Essig • Salz • Pfeffer aus der Mühle • 1 warme Pellkartoffel (nach Belieben)**

Den Lardo kleinschneiden und in einer Pfanne mit Keimöl anbraten (Olivenöl passt nicht so gut). Die Lardostücke herausnehmen, sobald sie knusprig sind. Das Öl etwas abkühlen lassen und mit Rotweinessig und Balsamico-Essig ablöschen.

Den Salat waschen, putzen und auf Tellern anrichten. Nach Belieben ein paar warme Kartoffelscheiben daruntermischen. Den Lardo auf dem Salat verteilen, die warme Essig-Öl-Mischung mit Salz und Pfeffer würzen und darübergeben.

Dieser warme Salat ist ein schönes Wintergericht, weil Feldsalat dann Saison hat. Sie können ihn auch durch Radicchio ersetzen oder mit diesem mischen.

*Mein Weintipp* • **Merlot oder Sangiovese**

# KARTOFFEL-SELLERIESALAT

**Für 4 Personen**

**300 g Pellkartoffeln, gekocht und gepellt • 200 g Staudensellerie • 6 EL bestes Olivenöl • 3 EL Rotweinessig • Salz • Pfeffer aus der Mühle**

Vom Staudensellerie die Fäden abziehen und die Stangen mitsamt dem Grün in feine Scheibchen schneiden. Die Pellkartoffeln würfeln. Mit Olivenöl, Rotweinessig, Salz und Pfeffer vermengen.

# FELDSALAT *auf Kartoffelcreme und Ei*

**Für 4 Personen**

**150 g Feldsalat • 2 große Kartoffeln • etwa 100 g Lardo, am besten Lardo di Colonnata • 2 Schalotten • 2 EL bestes Olivenöl • 125 ml Brühe • 1–2 Lorbeerblätter • 4 Eier • 1 EL Balsamico-Essig • Salz • Pfeffer aus der Mühle**

Die Kartoffeln schälen. Lardo, Schalotten und Kartoffeln kleinschneiden. Die Schalotten in Olivenöl andünsten, die Lardostücke dazugeben und zum Schluss die Kartoffeln mitgaren. Kurz darauf auch die Brühe hinzufügen und mit den frischen Lorbeerblättern etwa 15 Minuten köcheln lassen, bis die Kartoffeln gar sind. Dann den Lorbeer herausnehmen, die Brühe bis auf einen kleinen Rest abgießen und auffangen. Mit Salz und Pfeffer würzen und pürieren, eventuell Brühe nachgießen, bis das Püree cremig ist.

Inzwischen den Feldsalat waschen und putzen. Die Eier fünf Minuten kochen und noch warm pellen.

Die Kartoffelcreme auf Teller geben und den Feldsalat darauf verteilen. Etwas Olivenöl und Balsamico-Essig darüberträufeln und je zwei Eihälften in die Mitte legen. Fertig!

[ohne Abb.]

# INSALATA DI PASTA

**Für 6 Personen**

**300 g Nudeln • 20 grüne oder schwarze Oliven • 5 Sardellen • 2 eingelegte Paprika • 1 Bund Rucola • 6 EL bestes Olivenöl • 2 EL Rotweinessig • 1 EL Kapern • etwas Pecorino • Salz • Pfeffer aus der Mühle**

Für die Insalata di pasta können Sie außer Spaghetti jede Sorte Nudeln verwenden. Ich nehme am liebsten Farfalle, die ich bissfest koche und ausnahmsweise mit kaltem Wasser abschrecke, damit sie glatt bleiben.

Oliven, Sardellen, Paprika und Rucola kleinschneiden und zusammen mit Olivenöl, Rotweinessig und Kapern mit den Nudeln vermischen. Zum Schluss den Pecorino darüberraspeln und mit Salz und Pfeffer würzen: Fertig ist ein schöner Sommersalat. [ohne Abb.]

# SUPPEN

»Eine Suppe wärmt die Seele. Und wenn Künstler ihre
Gemälde unterschreiben, signiere ich meine Tomatensuppe.
Sehen Sie mal auf Seite 46.«

# KALTE TOMATEN-GURKEN-SUPPE

**Für 4 Personen**

**6 reife Eier- oder Strauchtomaten • 1–2 Schalotten • 1 Knoblauchzehe • 1 Chilischote
• 2 Scheiben Toastbrot ohne Rinde • 2 EL Weißweinessig • 1 Salatgurke • bestes Olivenöl
• Salz • Pfeffer aus der Mühle • Balsamico-Essig**

Die Tomaten waschen und ohne die Stielansätze vierteln. Schalotten und Knoblauch schälen und grob hacken. Die Chilischote waschen und putzen. Mit Tomaten, Schalotten, Knoblauch, Toastbrot und Weißweinessig in einem Mixer pürieren und mit Salz und Pfeffer abschmecken. Wenn Sie möchten, können Sie die Suppe noch durch ein Sieb passieren, um die Kerne und Schalen von den Tomaten zu entfernen.

Um zwei Farben für die Suppe zu bekommen, bereite ich die Gurkensuppe extra zu. Dafür die Gurke schälen und entkernen, salzen und pfeffern. Mit etwas Olivenöl pürieren. Die Tomaten- und die Gurkensuppe bis zum Servieren in den Kühlschrank stellen.

Zum Servieren gebe ich zuerst die Tomatensuppe in die Teller und verziere sie, indem ich etwas Gurkensuppe in die Mitte gebe und ein paar Streifen ziehe, damit sich ein schönes Muster auf dem Teller ergibt. Zum Schluss träufle ich ein paar Tropfen bestes Olivenöl und Balsamico-Essig darüber. Eine herrlich erfrischende Suppe für den Sommer!

# HÜHNERSUPPE *mit Passatelli*

**Für 6–8 Personen**

**3 Eier • 150 g frisch geriebene Semmelbrösel (siehe S. 93) • 150 g geriebener Parmesan
• abgeriebene Schale von 1 unbehandelten Zitrone • etwas Muskatnuss • 3 Möhren
• ¼ Knollensellerie • 2 l Hühnerbrühe • Salz • Pfeffer aus der Mühle**

Für den Passatelli-Teig die Eier in einer Schüssel mit Semmelbröseln, Parmesan, Zitronenschale, Salz, Pfeffer und Muskatnuss zu einem geschmeidigen Teig verkneten. Er darf nicht zu fest und nicht zu weich sein.

Möhren und Sellerie putzen, schälen und fein würfeln. Die Brühe in einem Topf erhitzen und die Gemüsewürfel 15 Minuten mitkochen. Den Passatelli-Teig durch eine Kartoffel- oder Spätzlepresse direkt in die heiße Brühe drücken und bei niedriger Temperatur 1–2 Minuten gar ziehen lassen.

[ohne Abb.]

# BOHNENSUPPE

**Für 4–6 Personen**

500 g Cannellini-Bohnen (weiße Bohnen) • 3 Schalotten • 1 Möhre • ¼ Knollensellerie • 2 Kartoffeln • 1 EL Olivenöl
• 2 Lorbeerblätter • 2 l Gemüse- oder Fleischbrühe • 1 Schweineknochen oder 1 Scheibe Lardo, am besten Lardo di Colonnata
• 1 Rosmarinzweig • Salz • Pfeffer aus der Mühle • bestes Olivenöl

Die Bohnen über Nacht in kaltem Wasser einweichen. Am nächsten Tag abgießen und mit frischem kaltem Wasser aufkochen und etwa 30 Minuten köcheln lassen. Nicht salzen! Abgießen und abtropfen lassen. Inzwischen die Schalotten schälen und fein würfeln. Möhre und Sellerie schälen und ebenfalls in kleine Würfel oder Streifen schneiden. Die Kartoffeln schälen und würfeln.

Die Schalotten in heißem Olivenöl andünsten, bis sie glasig sind. Möhre, Sellerie und frische Lorbeerblätter dazugeben und kurz mitdünsten. Mit der Brühe ablöschen. Bohnen, Schweineknochen oder den Lardo dazugeben und auf niedriger Stufe etwa 1 Stunde köcheln lassen.

Etwa 20 Minuten vor dem Ende der Garzeit die Kartoffel dazugeben, sie soll die Suppe sämig machen. Rosmarin waschen, die Blätter abzupfen und klein hacken. Den Knochen oder den Lardo herausnehmen. Die Suppe mit Salz und Pfeffer abschmecken. Die Suppe auf Teller verteilen. Rosmarin darüberstreuen und jeweils ein paar Tropfen Olivenöl darüberträufeln.

Wichtig ist, dass erst ganz am Schluss Salz dazu gegeben wird, sonst platzen die Bohnen auf, und es bleiben nur die Schalen zurück.

*Mein Weintipp* • **Merlot oder Sangiovese**

## *Variante*: *Pasta e fagioli*

Pro Person 50 g kleine Röhrchennudeln – im Friaul heißen sie Paternoster wie das Vaterunser, das man als Tischgebet spricht – bissfest garen und unter die Bohnensuppe mischen. Für manche ist sie dann ein sättigendes Hauptgericht.

*Mein Weintipp* • **Tocai Friulano oder Pinot Bianco**

# TOMATENSUPPE

### Für 4 Personen

**Zutaten für Sugo di Pomodoro (siehe S. 59) • 125 ml Fleisch- oder Gemüsebrühe**

Den Tomatensugo wie beschrieben zubereiten und je nach Konsistenz mit Fleisch- oder Gemüsebrühe auffüllen. Wenn Sie wollen, können Sie die Suppe noch durch ein Sieb passieren, damit sie glatt und cremig wird.

# FISCHSUPPE

**Für 6 Personen**

1 mittelgroßer küchenfertiger Oktopus • 1 küchenfertiger
Tintenfisch • 100 g Lachsfilet • 100 g Seeteufel • 3 Knoblauchzehen • 3 Lorbeerblätter • 4–6 Scampischwänze
• 3 EL Tomatenmark • 2 l Fischfond oder Gemüsebrühe
• 6 EL bestes Olivenöl • etwas glatte Petersilie
• 1–2 Chilischoten • Salz • Pfeffer aus der Mühle

Beim Oktopus Augen und Knorpel entfernen, beim Tinten-
fisch Kopf und Haut. Oder die Haut des Tintenfischs nur mit
einer Messerspitze einritzen und nach dem Kochen entfernen.
Oktopus und Tintenfisch in kleine Stücke schneiden. Den
Lachs mit einer Pinzette von den Gräten befreien und mit
dem Seeteufel in kleine Stücke schneiden. Den Knoblauch
schälen. Die Chilischote waschen, putzen und klein schneiden.
Die ganzen Knoblauchzehen, die Chilischote und frischen
Lorbeerblätter in heißem Olivenöl scharf anbraten. Die
Oktopus- und Tintenfischstücke dazugeben und kurz mitbra-
ten. Das Tomatenmark unterrühren und mit der Fisch- oder
Gemüsebrühe ablöschen. Alles bei geschlossenem Deckel
etwa 30 Minuten kochen lassen.

Lachs- und Seeteufelstückchen sowie die Scampischwänze
dazugeben und die Suppe mit etwas gehackter Petersilie
weitere 5 Minuten köcheln lassen. Vor dem Servieren Lorbeerblätter und Knoblauchzehen entfernen. Die Suppe salzen,
pfeffern und mit abgezupften Petersilienblättern anrichten.
Ein Trick für die Fischsuppe: Wenn sie ein bisschen sämiger
sein soll, können Sie 1 oder 2 Scheiben Weißbrot ohne Rinde
zerkrümeln und in der Suppe mitkochen.

*Mein Weintipp* • Orvieto

# GRÜNE-SPARGEL-SUPPE

**Für 4 Personen**

**500 g grüner Spargel • 3–4 Schalotten • 3 Knoblauchzehen • 3 Lorbeerblätter • 1–2 EL bestes Olivenöl • 1 l Gemüsebrühe oder -fond • 100 g kross gebratene Enten- oder Gänsebrust, in Streifen • schwarze Oliven, entsteint • Salz • Pfeffer aus der Mühle**

Den Spargel waschen und das helle Ende großzügig abschneiden. Die Stangen in kleine Stücke schneiden, die Spargelspitzen beiseite legen. Schalotten und Knoblauch schälen, die Schalotten fein würfeln.

Die Spargelspitzen in gesalzenem Wasser blanchieren, herausnehmen und warm halten.

Schalotten und ganze Knoblauchzehen in einem Topf in 1 EL heißem Olivenöl andünsten. Frische Lorbeerblätter und die Spargelstücke dazugeben und 5 Minuten mitdünsten, bis sie weich sind. Knoblauch und Lorbeerblätter entfernen. Die Brühe dazugießen und aufkochen lassen. Den Topf vom Herd nehmen und die Suppe mit dem Stabmixer pürieren. Mit Salz und Pfeffer abschmecken.

Die Suppe auf tiefe Teller verteilen, die Spargelspitzen vorsichtig hineinlegen und die Geflügelbruststreifen in die Mitte setzen. Nach Geschmack Oliven dazugeben. Das übrige Olivenöl darüberträufeln.

*Goldene Hochzeit meiner Eltern, 1994*

»*Diese Hartnäckigkeit, diese Willensstärke, die habe ich von meinem Vater geerbt. Außerdem den Ehrgeiz, alles ohne fremde Hilfe zu schaffen.*«

## Italienische Küche in Deutschland

Mein Vater in Deutschland, der Rest der Familie in Italien – das hielten wir ein paar Jahre durch, aber dann ging es doch nicht mehr. Als nicht abzusehen war, wie lange er noch in Deutschland bleiben würde, holte mein Vater 1963 die Familie nach Hagen. Ich war inzwischen acht Jahre alt und lebte mich schnell ein in der neuen Umgebung. Nach einem Schuljahr sprach ich fließend Deutsch.

Da auch meine Mutter arbeitete, war ich von nun an allein für das Mittagessen zuständig. Das war damals selbstverständlich: Ich kam von der Schule heim und kochte für sieben Personen – meine Brüder und mich. Es gab Pasta, Gemüse und Polenta. Meine Brüder lobten meine einfachen, aber schmackhaften Gerichte, und es machte mir immer Spaß, mir neue Rezepte auszudenken.

Allerdings war es in den 60er Jahren in Deutschland nicht so einfach, die richtigen Zutaten für die italienische Küche einzukaufen. Zucchini und Basilikum gab es nur in teuren Feinkostgeschäften. Eine Aubergine kostete über fünf Mark! Wir haben also große Laibe Käse, Schinken, italienische Salami, Olivenöl, Aceto und Grappa aus Italien mitgebracht. Unsere heiß geliebte Polenta kochte ich aus deutschem Griesmehl. Das war zwar nicht dasselbe, kam aber dem Original schon recht nahe.

# SPINATSUPPE *mit pochiertem Ei*

**Für 4 Personen**

**½ l Gemüsebrühe • 100 g frischer Blattspinat • 1 Schuss Essig • 4 Eier • 4 EL Tomatensugo (siehe S. 59) • Salz • Pfeffer aus der Mühle**

Die Brühe zum Kochen bringen. Währenddessen den frischen Blattspinat waschen, verlesen und etwas klein schneiden. Sobald die Brühe kocht, den Spinat für 2–3 Minuten hineingeben, dann ist er schon fertig. Mit Salz und Pfeffer abschmecken.

In einem großen Topf reichlich Wasser mit 1 Schuss Essig zum Kochen bringen. Behutsam die Eier einzeln erst in eine Tasse oder Suppenkelle schlagen und dann in das siedende Wasser gleiten lassen. Die Eier 4–5 Minuten ziehen lassen, bis die Eiweiße fest und die Eigelbe noch weich sind.

Ich verteile die Suppe auf Teller und gebe jeweils 1 pochiertes Ei in die Mitte. Dann kommt noch 1 EL Tomatensugo dazu, damit sich die drei italienischen Farben ergeben. Die Spinatsuppe sieht schön aus, schmeckt leicht und ist schnell gemacht.

# KÜRBISSUPPE

**Für 4–6 Personen**

**500 g Muskatkürbis • 3 Schalotten • 1 Knoblauchzehe • 1 Chilischote • 2–3 Lorbeerblätter • 2 EL bestes Olivenöl • 1 ½ l Fleischbrühe oder -fond • 1 kleines Stück frischer Ingwer (1–2 cm; nach Belieben) • Salz • Pfeffer aus der Mühle**

Am liebsten mag ich Muskatkürbis, ich finde, er schmeckt am besten. Ich schäle ihn und schneide ihn in kleine Stücke.

Schalotten und Knoblauch schälen, die Schalotten fein würfeln. Die Chilischote waschen, putzen und klein schneiden, den Ingwer schälen und fein hacken. Schalotten, die ganze Knoblauchzehe, Chilischote, Ingwer und frische Lorbeerblätter in heißem Olivenöl anbraten. Die Kürbisstücke dazugeben und kurz mitbraten. Mit Fleischbrühe aufgießen und alles etwa 20 Minuten köcheln lassen, bis der Kürbis weich ist.

Knoblauch und Lorbeerblätter entfernen. Die Suppe mit dem Stabmixer pürieren und mit Salz und Pfeffer abschmecken.                          [ohne Abb.]

*Mein Weintipp* • Tocai Friulano oder Sauvignon

# PASTA

»Nudeln heißen Pasta, und der Grundteig dafür ist der Inpasto. Und den mache ich so: Ich verwende ein italienisches Weichweizenmehl, Farina di Grano tenero, Type 00. Mehl ist nicht gleich Mehl, das muss man einfach ausprobieren. Die Eier müssen ganz, ganz frisch sein, das ist sehr wichtig! Pasta e ... basta!«

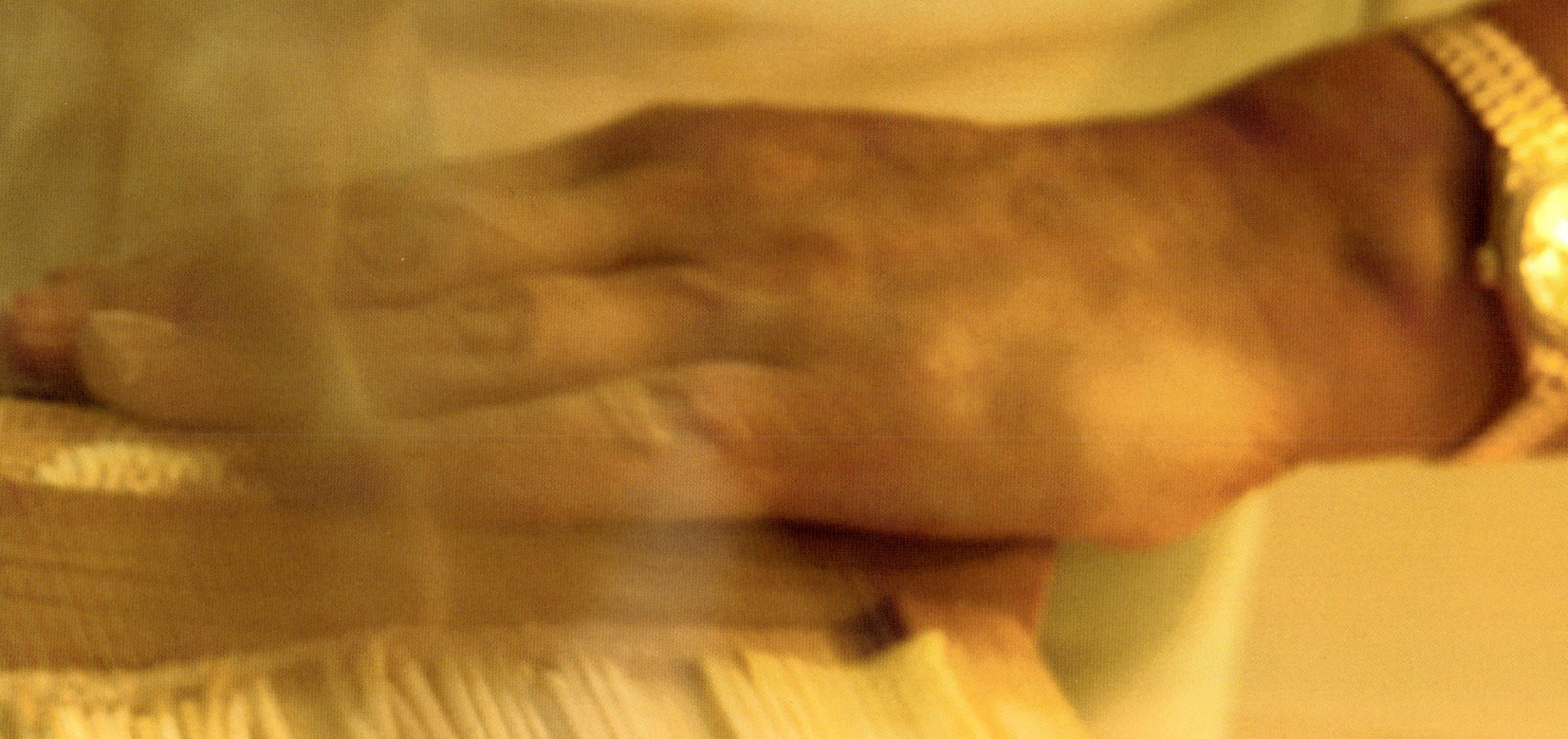

# FRISCHE PASTA *Grundrezept*

**Für 4 Personen**

**500 g Mehl, vorzugsweise Farina di Grano tenero, Type 00 • 4 Eier • etwa 3 Eigelb • 2 EL Olivenöl • Salz • Pfeffer aus der Mühle**

In einer Schüssel die Eier und die Eigelbe mit dem Öl verrühren. Das Mehl, Salz und Pfeffer einarbeiten und auf dem Nudelbrett zu einem Teig verkneten. Mit Klarsichtfolie abgedeckt für mindestens eine halbe Stunde in den Kühlschrank legen.

Dann den Teig durch die Nudelmaschine schieben, bei Stufe 0 anfangen und über 2 und 3,5 in vier Durchgängen immer dünnere Teigblätter herstellen. Im letzten Durchgang stellt man die endgültige Nudelstärke ein: Fettuccine 8,5; Spaghetti 7,5; Tortelloni 9. Die Nudeln in die passende Länge schneiden und für mindestens eine Stunde zum Trocknen aufhängen. Schließlich in kochendem Salzwasser in wenigen Minuten gar kochen.

Tortelloni oder Ravioli können auch mit der Hand hergestellt werden. Dazu Vierecke bzw. die gewünschte Form aus der dünnen Teigplatte ausstechen oder ausschneiden. Vorsicht: Der restliche Teig lässt sich nicht zusammenkneten und noch einmal verwenden, er muss weggeworfen werden!

Als Füllung bietet sich Büffelricotta an, den ich gerne mit etwas frisch blanchiertem, kleingehacktem Spinat farblich auffrische oder mit getrockneten Steinpilzen, Fleisch oder Schinken mische. Auch die klassisch italienische Ricotta-Füllung mag ich sehr gern: Ricotta mindestens eine Stunde im Sieb abtropfen lassen und anschließend durch das Sieb passieren, damit er glatter wird. Mit einem ganzen Ei und einem Eigelb vermischen und mit Salz, Pfeffer und Parmesan würzen. Nach Belieben mit Nüssen, Basilikum, Spargel, Zucchini, Auberginen, Artischocken mischen.

Die Füllung durch eine Spritztülle in kleinen Portionen auf die Teigplatten geben. Die Teigkanten mit einem Pinsel mit Wasser bestreichen und gut zusammendrücken. Mit den Gabelzinken die Raviolikanten verzieren. Die Tortelloni zu kleinen Ringen formen, indem die Spitze des zusammengeklappten Dreiecks nach unten gefaltet wird und die beiden Ecken hinten mit Wasser zusammengeklebt werden.

*Mit 20 Jahren, 1974*

## Auf der Suche

Eigentlich wollte ich technische Zeichnerin werden. Als Jugendliche malte und zeichnete ich viel. Doch ich bekam keine Lehrstelle. Mehrmals erlebte ich, dass eine Zusage zurückgenommen wurde, sobald anhand der Papiere klar wurde, dass ich Ausländerin war. Enttäuscht suchte ich mir einen Job in der Fabrik.

Meine Eltern konnten mich in dieser Zeit nicht unterstützen, denn kurz zuvor war einer meiner älteren Brüder bei einem Autounfall ums Leben gekommen: Eine schlimme Zeit für meine Familie, vor allem für meine Mutter. Sie ging mit den Brüdern zurück ins Friaul, mein Vater folgte wenig später, nur ich blieb und wurde zur Pendlerin. Das hielt ich drei Jahre durch, doch dann mit fast achtzehn Jahren zog es mich ganz zur Familie.

Ich jobbte, lebte mich aber nicht richtig ein. Auch in Italien war ich nun eine Fremde. Meine Mutter riet mir zu einer Arbeit, bei der ich mit Deutschen zu tun hatte. Also versuchte ich mich als Dolmetscherin in einem Ferienclub in Bibione Pineta. Als die dortige Köchin ausfiel, sprang ich ein und kochte für das Personal. Ich bereitete regelmäßig für fünfzehn bis zwanzig Personen das Essen zu, erntete Komplimente von den Kollegen und wusste auf einmal: Kochen ist meine Leidenschaft!

# FETTUCCINE *mit Lauch, Garnelen und rohem Schinken*

**Für 4 Personen**

**320 g Fettuccine • 1 Stange Lauch • 150 g frische Garnelen • 3 Schalotten • 3 Knoblauch-
zehen • eine Hand voll Kräuter • 50 g roher Schinken in Scheiben, z. B. San Daniele oder
Parma • 30 g frisch geriebener Parmesan • 2 EL Olivenöl • Salz • Pfeffer aus der Mühle**

Den Lauch putzen, in feine Streifen schneiden und gründlich waschen. Die Schalotten klein
hacken und in Olivenöl anbraten, die Knoblauchzehen schälen und im Ganzen direkt in die
Pfanne geben, dann auch den Lauch hinzufügen und mit Salz und Pfeffer würzen. Deckel auflegen und die Temperatur herunterschalten, damit der Lauch nur leicht dünstet.

Die Garnelen schälen und den Darm auf dem Rücken entfernen. Zum Lauch in die Pfanne
geben und unter Rühren etwa 3 Minuten garen. Den Knoblauch herausnehmen und die frischen
gehackten Kräuter untermischen.

Den Schinken in Streifen schneiden. Die Fettuccine bissfest kochen und mit Lauch und
Garnelen vermischen. Direkt vor dem Servieren die Schinkenstreifen über die Pasta streuen
und Parmesan darüberreiben.

*Mein Weintipp* • **Gavi oder Chardonnay**

# SUGO DI POMODORO

**Für 4 Personen**

**500 g sonnengereifte Eiertomaten (ersatzweise Tomaten aus der Dose oder dem Glas, dann im Rezept Möhre und Zucker weglassen) • 1 kleine Möhre • etwas Zucker • 3 Zwiebeln • 3 Knoblauchzehen • 2 Rosmarinzweige • 2 Stangen Staudensellerie • etwa 4 EL Olivenöl • Salz • Pfeffer aus der Mühle**

Die Tomatensauce wird in der italienischen Küche für vieles genutzt: als Sauce für Pasta und Gnocchi, als Basis für Fleisch- und Fischgerichte und mit Gemüse- oder Fleischbrühe verlängert als ausgezeichnete Tomatensuppe.

In Deutschland sollte man sie eigentlich nur mit Dosentomaten zubereiten, weil nur die sonnengereiften Tomaten wirklich Geschmack haben und selbst die knallroten hierzulande eher sauer schmecken.

Zwiebeln (und Möhre) schälen und würfeln, den Knoblauch schälen, vom Sellerie die Fäden abziehen und die Stangen in feine Scheiben schneiden. Rosmarinblätter abstreifen, klein hacken und die Tomaten klein schneiden. Die Zwiebeln in Olivenöl anbraten, dann die Knoblauchzehen im Ganzen anbraten und aus dem Öl nehmen. Sellerie und Rosmarin zu den Zwiebeln geben und nach etwa 2 Minuten die Tomaten (und den Zucker) hinzufügen. Bei geschlossenem Deckel auf niedriger Stufe mindestens 1 Stunde köcheln lassen, dann mit Salz und Pfeffer abschmecken. Das war's – il sugo è pronto!

# MEIN PESTO

**Für 4 Personen**

**2 Bund Basilikum • 3 Knoblauchzehen • ligurisches Olivenöl • 50 g Pinienkerne • Parmesan am Stück • etwas grobes Meersalz • Pfeffer aus der Mühle**

Knoblauch schälen und würfeln. Mit dem gewaschenen Basilikum, den Pinienkernen, Salz, Pfeffer und 1–2 EL Öl mit einem Stabmixer pürieren. So viel Öl zugeben, bis das Pesto sehr sämig ist. Das Pesto wird nicht erhitzt, sondern lediglich mit der heißen Pasta vermischt und sofort serviert.

Wichtig: Den Parmesan erst am Tisch über das Pesto hobeln oder reiben, weil die Paste sonst schwarz wird.

*Mein Weintipp* • Chardonnay oder Vermentino

# PIZZOCCHERI
*Eine Spezialität aus der Valtellina*

**Für 6–8 Personen**

**300 g Kartoffeln • 300 g Fontina, am besten aus dem Aosta-Tal • 500 g Wirsing • 500 g Pizzoccheri (Buchweizennudeln, sehen ähnlich wie Tagliatelle aus, trocken oder gefroren aus dem italienischen Feinkostladen) • 100 g Butter • 2 EL Salbeiblätter • Salz • Pfeffer aus der Mühle**

Den Käse grob raspeln und zur Seite stellen. Die Kartoffeln schälen, in Scheiben schneiden und in Salzwasser kochen. Währenddessen den Wirsing waschen, vierteln, den Strunk abschneiden, die groben Blattrippen aus den Blättern entfernen und die Blätter in größere Stücke schneiden. Etwa 5 Minuten vor Ende der Kartoffelgarzeit die Wirsingblätter zu den Kartoffeln geben und blanchieren. Die fertig gegarten Kartoffeln und Wirsingblätter mit einer Schaumkelle aus dem Wasser heben und darin die Nudeln nur knapp bissfest kochen.

Die Butter mit den Salbeiblättern in einem kleinen Topf schmelzen lassen, damit sich das Aroma entfalten kann.

Eine ofenfeste Form mit Butter einfetten. Die Kartoffeln, den Wirsing, den geriebenen Käse und die Pizzoccheri abwechselnd in mehreren Lagen hineingeben. Auf die letzte Schicht die Salbeibutter verteilen und nach Geschmack mit Salz und Pfeffer würzen.

Mit Alufolie abgedeckt im auf 200 °C vorgeheizten Ofen für 20 Minuten backen. Ein paar Minuten vor Ende der Garzeit die Alufolie von der Form nehmen, damit der Auflauf oben knusprig wird.                                          [ohne Abb.]

*Mein Weintipp* • Valtellina Sfursat oder Valtellina sup. Sassella

# SPAGHETTI *mit Salsiccia*

**Für 4 Personen**

**500 g Spaghetti • 2–3 kleine Zwiebeln • 1 Knoblauchzehe • etwas Olivenöl • 2–3 Rosmarinzweige • 700 g Salsiccia (oder sehr gutes Bratwurstbrät, mit einer Prise Piment vermischt) • 1 EL Tomatenmark • 1 Glas oder 1 Dose Tomaten in Stücken (400 g) • Salz • Pfeffer aus der Mühle**

Die Zwiebeln und die Knoblauchzehe schälen und fein würfeln, die Rosmarinblätter hacken. Die Zwiebeln im heißen Olivenöl goldgelb andünsten und die Knoblauchzehe und etwas Rosmarin dazugeben. Die Salsiccia aus dem Naturdarm herausdrücken, dabei in kleine Stücke teilen und mit den Zwiebeln braten. Wenn Sie Bratwurstbrät verwenden, müssen Sie es mit Piment nachwürzen, das in der Salsiccia bereits enthalten ist. Tomatenmark unter die Zwiebel-Wurst-Mischung rühren, dann die Tomatenstücke dazugeben.

Mit geschlossenem Deckel bei niedriger bis mittlerer Temperatur etwa 1 Stunde köcheln lassen. Mit Salz und Pfeffer abschmecken. Währenddessen die Spaghetti in reichlich Salzwasser bissfest kochen. Mit der Salsicciasauce vermischen und servieren.

*Mein Weintipp* • **Tocai Friulano oder Merlot**

# SPAGHETTI
## *mit meinem ragù di carne*

**Für 4 Personen**

**500 g Spaghetti • 1 Zwiebel • ¼ Knolle Sellerie oder 2 Stangen Staudensellerie • 2 Möhren • 2 Knoblauchzehen • 1–2 Rosmarinzweige • eine Hand voll Kräuter, z. B. Thymian, Salbei, Oregano • 2–3 EL Olivenöl • 500 g gemischtes Hackfleisch • 2 EL Tomatenmark • 1 Glas oder 1 Dose Tomaten in Stücken (400 g) • etwa 200 ml Brühe oder Fond • Salz • Pfeffer aus der Mühle**

Zwiebeln, Sellerie und Möhren schälen und fein würfeln. Die Knoblauchzehen schälen. Die Rosmarinblätter und frischen Kräuter hacken. Die Zwiebeln in heißem Olivenöl goldgelb andünsten. Die Knoblauchzehen im Ganzen hinzufügen. Dann Rosmarinblätter, Sellerie, Möhren und Kräuter hinzugeben. Nach dem Anbraten den Knoblauch herausnehmen, das Hackfleisch zu dem Gemüse geben und anbraten. Tomatenmark und die gewürfelten Tomaten einrühren. Je nach Konsistenz 1–2 Kellen Brühe dazugeben und mit geschlossenem Deckel bei niedriger bis mittlerer Temperatur 1 Stunde köcheln lassen. Mit Salz und Pfeffer abschmecken. Währenddessen die Spaghetti in Salzwasser bissfest kochen, mit der Sauce vermischen und servieren.

[ohne Abb.]

*Mein Weintipp* • **Aglianico Rosso oder Syrah**

# FETTUCCINE *mit Steinpilzen*

**Für 4 Personen**

500 g Fettuccine • 300 g Steinpilze oder andere frische Pilze
• 3 Schalotten • 1–2 Knoblauchzehen • 2 EL Olivenöl
• 4 EL Brühe • 2 EL glatte Petersilie • Salz • Pfeffer aus
der Mühle

Die Fettuccine im Salzwasser bissfest kochen. Währenddessen die Schalotten und den Knoblauch schälen und fein
würfeln. Die Pilze möglichst mit einer Bürste trocken säubern,
um das Aroma zu erhalten. Dann nach Belieben in Scheiben
schneiden oder vierteln. Schalotten und Knoblauch in Öl andünsten, die Pilze kurz mitbraten und mit Salz und Pfeffer
würzen. Mit der Brühe und der fein gehackten Petersilie vermischen und über die Fettuccine geben.

*Mein Weintipp* • Merlot oder Cabernet Sauvignon

# TAGLIOLINI *mit Trüffel*

**Für 4 Personen**

400 g frische Tagliolini (sehr dünne Fettuccine, Zubereitung
siehe Grundrezept Pasta) • etwas Butter • 1 TL Trüffelbutter
• 60 g schwarzer oder weißer Trüffel (nach Belieben) • Salz
• Pfeffer aus der Mühle

Die Tagliolini in Salzwasser al dente kochen. Kurz in der
Pfanne mit Butter und Trüffelbutter schwenken, mit Salz und
Pfeffer würzen und auf Tellern anrichten. Vom schwarzen
Trüffel die schwarze Schale entfernen und ihn direkt am Tisch
über die gebutterte Pasta hobeln. Wenn Sie weißen Trüffel
verwenden, diesen leicht mit einer Bürste säubern und die
Schale nicht entfernen. Die Trüffelbutter weglassen, damit der
edle Geschmack des weißen Trüffels gut zur Geltung kommt.

Trüffel können, einzeln in Küchenpapier gewickelt, in einem
Glas im Kühlschrank für ein paar Tage aufbewahrt werden.
Wenn sie ganz frisch sind, halten sie sich bis zu 14 Tage. Das
Küchenpapier täglich wechseln. [ohne Abb.]

# LINGUINE *mit Hummer*

**Für 2 Personen als Hauptgericht**

**250 g Linguine • 1 lebender Hummer, ca. 800–1000 g • 2 Lorbeerblätter • Saft von 1 Zitrone • 1–2 kleine Zwiebeln • 1 Schuss guter Cognac • 1 Schuss guter Weißwein • 8 Kirschtomaten • 3 EL Tomatensugo (siehe S. 59) • Meersalz • grob gemahlener Pfeffer • Tabasco**

Dieses einfach zuzubereitende Gericht stand bei mir schon vom ersten Tag an auf der Karte. Den Hummer mit dem Kopf zuerst in sprudelndes, kochendheißes Wasser gleiten lassen. Frische Lorbeerblätter, Zitronensaft und Meersalz hinzufügen. Etwa 3 Minuten kochen, dann herausnehmen und der Länge nach mit der Schale halbieren.

Inzwischen die Linguine in Salzwasser bissfest kochen. Arme, Beine und Scheren des Hummers abschneiden. Die Beine können später als Dekoration verwendet werden. Die Zwiebeln schälen und fein würfeln, in Olivenöl andünsten und die Hummerstücke in ihrer Schale etwa 2 Minuten anbraten. Mit Cognac ablöschen, dann 1 Schuss Weißwein dazugeben. Die Kirschtomaten waschen, halbieren und mit dem Sugo und den Hummerstücken vermischen und mit Pfeffer und Tabasco abschmecken.

Achtung: Zu viele Gewürze würden vom zarten Hummergeschmack ablenken.

Den Hummer aus der Pfanne nehmen, aus der Schale lösen und auf dem Teller so anrichten, dass er ganz normal mit Besteck gegessen werden kann.

*Mein Weintipp* • **Prosecco oder Franciacorta Brut**

# SPAGHETTI CHITARRA *ligurische Art*

**Für 4 Personen**

**500 g Spaghetti • 4 Schalotten • 4 Knoblauchzehen • 4 EL ligurisches Olivenöl • 500 g Kirschtomaten • 4 EL Taggiasche-Oliven • 4 EL Pesto (siehe S. 61) • etwas geriebener Parmesan • Salz • Pfeffer aus der Mühle**

Die Spaghetti in Salzwasser bissfest kochen. Währenddessen die Schalotten würfeln und mit den geschälten, ganzen Knoblauchzehen in Olivenöl andünsten. Die Kirschtomaten waschen, vierteln und mit den Oliven zu den Zwiebeln in die Pfanne geben. Mit Salz und Pfeffer abschmecken, kurz anbraten und den Knoblauch entfernen.

Die Spaghetti in dieser Mischung kurz schwenken, Pesto und Parmesan dazu geben.

Ein einfaches, schnelles und unglaublich köstliches Gericht! [ohne Abb.]

*Mein Weintipp* • **Verdicchio oder Orvieto Classico**

# LASAGNE *mit Auberginen*

**Für 6–8 Personen**

**300 g Lasagneplatten • 3 Auberginen • etwas Mehl • Pflanzenöl zum Frittieren • 1 l Tomatensugo (siehe S. 59) • eine Hand voll Basilikum • 250 fester Mozzarella • 100 g Parmesan • 1 frische Tomate (nach Belieben)**

Die Lasagneplatten in reichlich Salzwasser kochen, herausnehmen und mit kaltem Wasser abschrecken, damit sie nicht aneinander kleben.

Die Auberginen waschen, den Stielansatz entfernen und der Länge nach in Scheiben schneiden. Diese in Mehl wenden und in einer Pfanne in sehr heißem Öl frittieren. Auf Küchenpapier entfetten lassen.

Den Mozzarella abtropfen lassen und in dünne Scheiben schneiden.

Etwas Tomatensugo in eine ofenfeste Form geben, eine Schicht Lasagneplatten darauflegen und mit Auberginen, Mozzarella und Basilikum belegen. Alles mit Parmesan bestreuen, dann die nächste Schicht Sugo, Lasagneplatten und so weiter. Mit Auberginenscheiben, einer Schicht Mozzarella und nach Belieben einigen Scheiben frischen Tomaten abschließen.

Den Ofen auf 180 °C vorheizen, die Lasagne mit Alufolie abdecken und knappe 30 Minuten backen. 5–10 Minuten vor Ende der Garzeit die Folie entfernen. Die fertige Lasagne mit Basilikumblättern auf den Tellern anrichten. Achtung: Das Basilikum nicht vor dem Backen auf die Lasagne legen, sonst verbrennt es.

*Mein Weintipp* • **Primitivo oder Barbaresco**

# RIGATONI AL FORNO *con Polpettine*

**Für 6 Pesonen**

500 g Rigatoni • 50 g italienische Mortadella • 3–4 Stängel glatte Petersilie
• 500 g gemischtes Hackfleisch • 2 Eier • 100 g geriebener Pecorino Romano
• 5 Schalotten • 3 EL Olivenöl • 600 ml Tomatensugo (siehe S. 59) • 250 g Mozzarella
• 100 g geriebener Parmesan • Salz und Pfeffer aus der Mühle (nach Belieben)

Die Mortadella und die Petersilie klein schneiden und mit Hackfleisch, Eiern und Pecorino vermischen. Es sollte Pecorino Romano sein, den man wegen seines besonderen Geschmacks viel zum Kochen verwendet. Abschmecken und eventuell mit Salz und Pfeffer würzen. Aus der Hackmasse sehr kleine Frikadellen, die Polpettine, formen. Die Schalotten fein würfeln und in Olivenöl anbraten, dann die Frikadellen dazugeben und von allen Seiten braten.

Die Rigatoni in Salzwasser gerade bissfest kochen, denn sie garen später im Ofen noch weiter. Mit den Polpettine und dem Tomatensugo vermischen und in eine Auflaufform füllen. Den Mozzarella abtropfen lassen, in kleinere Stücke schneiden und in die Rigatoni-Sugo-Mischung geben. Zum Schluss noch etwas Parmesan darüberstreuen, mit Alufolie abdecken und im vorgeheizten Ofen bei 200°C für etwa 15 Minuten backen. Dann die Folie entfernen und weitere 5 Minuten offen backen, damit der Auflauf knusprig wird.

*Mein Weintipp* • Montefalco Rosso oder Sagrantino

# GNOCCHI

»Wenn ich morgens mit diesem Kribbeln in den Händen aufwache, dann weiß ich, dass ich etwas Neues ausprobieren werde.«

# GNOCCHI *Grundrezept*

**Für 4 Personen als Vorspeise oder für 2–3 Personen als Hauptgericht**

**500 g mehlige Kartoffeln • etwa 200 g Mehl • 1 Ei • 1 Eigelb • etwas frisch geriebene Muskatnuss • geriebener Parmesan (nach Belieben) • Salz • Pfeffer aus der Mühle**

Die Kartoffeln schälen und in Salzwasser gar kochen. Sofort durch eine Kartoffelpresse auf ein Nudelbrett drücken. Nie auf Metall zubereiten, weil sich sonst der Geschmack verändert! Die Kartoffelmasse mit den übrigen Zutaten verkneten. Eine Rolle formen und etwa 2 cm dicke Scheiben abschneiden. Die Scheiben in kochendes Salzwasser gleiten lassen. Sobald sie an die Oberfläche steigen, mit einer Kelle herausheben. Ich gebe die Gnocchi in ein flaches, mit Öl bestrichenes Gefäß, damit sie nicht aneinander festkleben, falls ich sie noch einige Stunden im Kühlschrank aufbewahren will. Serviere ich sie mit einer Sauce, zum Beispiel meinem Sugo di Pomodoro oder der Gorgonzola-Sauce, gebe ich sie direkt zum Erwärmen in die Sauce und schwenke sie darin nur noch eine Minute. Sonst erhitze ich sie für eine Minute in kochendem Wasser und serviere sie sofort.

# GORGONZOLA SAUCE

**Für 4 Personen**

**150 g Gorgonzola • ca. 100 g Sahne • ein Stückchen Butter • 120 ml Brühe • 1 Schuss Cognac • Salz • Pfeffer aus der Mühle**

Den Gorgonzola in Stücke schneiden. Sahne, Butter, Brühe und Cognac erwärmen und den Gorgonzola darin schmelzen lassen. Die Gnocchi in der Sauce schwenken, salzen und pfeffern. Diese Sauce passt natürlich auch zu Pasta! [ohne Abb.]

*Mein Weintipp* • Cabernet Sauvignon

# KÜRBISGNOCCHI

**Für 4 Personen**

**1 kg Muskat-Kürbis • 2–3 mehlige Kartoffeln • etwa 200 g Mehl • 2 Eigelb • 1 Ei • geriebener Räucherricotta oder Parmesan • 1 TL ganze Mohnsamen • 125 g gebräunte Butter • Salz • Pfeffer aus der Mühle**

Für diese Gnocchi muss der Kürbis schon am Vortag zubereitet werden: Den Kürbis schälen und in Stücke schneiden. Die Kürbisstücke in einer ofenfesten Form, mit Alufolie abgedeckt, 20–30 Minuten in dem auf 200 °C vorgeheizten Ofen backen. Danach die Stücke pürieren und über Nacht in einem Sieb abtropfen lassen. Dazu stelle ich das Sieb auf eine Schüssel in den Kühlschrank. Es muss wirklich das ganze Wasser herausgetropft sein, sonst muss zu viel Mehl unter den Teig gemischt werden und die Gnocchi werden zu hart. Auch die Kartoffeln können am Vorabend gekocht werden.

Am nächsten Morgen die Kürbismasse mit Ei, Eigelben, Mehl und geriebenem Räucherricotta bzw. Parmesan mischen. Die Kartoffeln zerdrücken und zu der Kürbismasse geben. Mit Salz und Pfeffer würzen. Aus dem Teig, wie im Grundrezept beschrieben, Gnocchi formen. Sollte der Teig nicht fest genug sein, können Sie kleine Nocken mit einem Teelöffel abstechen und direkt ins Salzwasser gleiten lassen. Die Kürbisgnocchi serviere ich in zerlassener, gebräunter Butter und bestreue sie mit geriebenem Räucherricotta und Mohnsamen. [ohne Abb.]

*Mein Weintipp* • Tocai Friulano oder Sauvignon

# CIALCIONS
## *mit Spinat-Rosinen-Füllung*

**Für 8 Personen als Vorspeise oder für 4 Personen als Hauptgericht**

**Zutaten für Gnocchi (siehe Grundrezept) • 300 g frischer Blattspinat • 1 Eigelb • 300 g Büffelricotta • 1 EL Rosinen • 1 EL Pinienkerne • Salz • Pfeffer aus der Mühle • 2 Bund Rucola • 125 ml Milch • 125 g Sahne • etwas Butter • etwas geriebener Räucherricotta**

Cialcions sind große gefüllte Gnocchi, die an flachgedrückte, gefüllte Klöße erinnern. Für die Füllung den Spinat dünsten, klein schneiden und mit Eigelb, Büffelricotta, Rosinen und Pinienkernen vermengen. Die Mischung mit Salz und Pfeffer abschmecken.

Aus der Gnocchimasse eine Rolle formen und etwa 2 cm dicke Scheiben abschneiden. Jeweils in die Mitte eine Kuhle drücken, etwas Füllung in die Mitte setzen und den Teig rundherum gut festdrücken. Die Calcions sollten rund und ziemlich flach sein. Ich mache sie meist so groß, dass pro Person einer als Vorspeise reicht – wenn sie kleiner werden, bekommt jeder zwei. In kochendes Salzwasser gleiten lassen und mit einer Kelle herausheben, sobald sie an die Oberfläche steigen.

Den Rucola sehr klein schneiden und mit Milch pürieren. Vorsichtig erwärmen, Sahne dazugeben und zum Schluss die Sauce mit einem Stückchen Butter binden.

Die Cialcions kurz in zerlassener Butter anbraten. Ich gebe einen Klecks Rucolasauce auf jeden Teller, immer ein bisschen größer als ein Cialcion, den ich dann darauf anrichte. Zum Schluss reibe ich noch etwas Räucherricotta darüber.

*Mein Weintipp* • **Merlot oder Cabernet**

# GEFÜLLTE GNOCCHI

**Für 4 Personen**

**Zutaten für Gnocchi (siehe Grundrezept)** • **1 Bund Rucola** • **100 g Büffelricotta** • **100 g Kirsch-tomaten** • **1 kleine Hand voll Salbei** • **3–4 EL bestes Olivenöl** • **etwas Gemüsebrühe (nach Belieben)** • **ein Stückchen kalte Butter** • **Salz** • **Pfeffer aus der Mühle**

Den Rucola waschen, kleinhacken und mit dem Ricotta vermengen. Mit Salz und Pfeffer abschmecken.

Den Teig für die Gnocchi nach dem Grundrezept zubereiten und auf einer bemehlten Fläche ausrollen. In Quadrate von etwa 6 x 6 cm schneiden. Jeweils eine Hälfte der Teigstücke mit der Käse-Rucola-Creme bestreichen und die andere Hälfte darüberklappen. Die Ränder festdrücken.

Die gefüllten Gnocchitaschen in kochendes Salzwasser gleiten lassen und mit einer Kelle herausheben, sobald sie an die Oberfläche steigen. Auf eine geölte Fläche legen.

Für die Tomaten-Salbeisauce die Kirschtomaten vierteln und in Olivenöl anbraten, nach Belieben etwas Brühe zugießen. Mit dem Stabmixer pürieren, mit frischem Salbei, Pfeffer und Salz würzen und mit einem Stückchen kalter Butter binden.

Die Gnocchi kurz in der Sauce ziehen lassen, eventuell halbieren, und heiß servieren.

*Mein Weintipp* • Sauvignon Bianco oder Pinot Grigio

# RISOTTO

»Auch in Italien kann man Risotto als Hauptgericht essen. Er ist sehr sättigend und verdient es, ein eigenständiges Gericht zu sein.«

# RISOTTO *Grundrezept*

**Für 4 Personen**

**500 g Risotto-Reis (Arborio) • 1 ½ l Fleisch-, Fisch- oder Gemüsebrühe (möglichst selbst hergestellt) • 1 Zwiebel • 3 EL Olivenöl • 125–250 ml guter Weißwein • 1 Stückchen Butter • etwas geriebener Parmesan**

Die Brühe erhitzen – lieber ein bisschen mehr Brühe als zu wenig, damit es am Schluss nicht knapp wird. Die sehr fein gewürfelte Zwiebel in Olivenöl andünsten, bis sie goldgelb ist, dann den Reis kurz mitdünsten, »toasten«, wie wir es nennen. Mit dem Weißwein ablöschen und umrühren. Auf sehr niedrige Stufe stellen. Wenn der Wein fast aufgesaugt ist, eine Kelle Brühe zugeben, rühren und dabei warten, bis der Reis die Brühe aufgenommen hat. Dann Kelle um Kelle die Brühe hinzufügen und rühren. Der Reis sollte nie trocken sein, aber auch nicht schwimmen, sonst schmeckt er am Ende wie Milchreis. Wegen der gewürzten Brühe brauchen Sie den Risotto nicht zu salzen und zu pfeffern. Nach etwa 20 Minuten ist er fertig. Der Reis sollte noch bissfest sein. Nun kommt – ganz wichtig! – das »mantecare«: Mit einem Stückchen Butter, das untergerührt wird, wird der Garvorgang unterbrochen und die Reiskörner sozusagen versiegelt. Ich gebe für den letzten Pfiff noch Parmesan dazu.

# RISOTTO *mit Radicchio*

**Für 4 Personen**

**300 g Radicchio • ½ Zwiebel • 1 Knoblauchzehe • 1 EL Olivenöl • etwas Salz • 1 EL Butter • 50 g San Daniele oder Parmaschinken • 250 ml Rotwein, z. B. Refosco • 100 g Sahne • Zutaten für Risotto (siehe Grundrezept )**

Die ½ Zwiebel und den Knoblauch schälen, fein hacken und in Olivenöl und Butter andünsten. Den Schinken in Streifen schneiden, zu Zwiebel und Knoblauch in die Pfanne geben und leicht braten. Den Radicchio waschen und kleinzupfen. Mit etwas Salz in die Pfanne geben, den Deckel auflegen und ein paar Minuten dünsten lassen. Dann mit Rotwein ablöschen. Ich nehme immer einen Refosco aus dem Friaul, aber Sie können natürlich auch einen anderen trockenen Rotwein nehmen. Den Deckel wieder auflegen und den Radicchio etwa 1 Stunde bei geringer Hitze schmoren. Bei Bedarf etwas Brühe zugeben. Am Schluss die Sauce mit einem Schuss Sahne binden.

Währenddessen den Risotto nach dem Grundrezept zubereiten und den fertig gegarten Radicchio untermischen.

[Abb. S. 76 | 77]

*Mein Weintipp* • **Refosco oder Schioppettino**

# KRÄUTER-RISOTTO

**Für 4 Personen**

**Zutaten für Risotto (siehe Grundrezept)** • **1–2 Handvoll verschiedene Kräuter, z. B. Basilikum, Thymian, Estragon, Petersilie, Zitronenmelisse** • **ein paar Blätter Rucola und Blattspinat**

Die Kräuter, den Rucola und den Spinat klein schneiden. Nicht in Olivenöl anbraten, sonst verbrennen sie, sondern erst kurz vor Ende der Garzeit unter den Risotto mischen.

*Mein Weintipp* • Pinot Bianco oder Falanghina

# RISOTTO *mit Steinbeißer und Safran*

**Für 4 Personen**

300 g Steinbeißerfilet, in Stückchen • 1 ½ l leichte Fischbrühe • ca. 15 Safranfäden und eine Messerspitze gemahlener Safran • 2 EL kalte Butter • frisch geriebener Parmesan • 2 EL Schnittlauchröllchen • 1 EL bestes Olivenöl • Zutaten für Risotto mit Fischbrühe (siehe Grundrezept)

   Vier schöne Stücke Steinbeißerfilet beiseite legen, den Rest in kleine Stücke zerteilen und eventuell vorhandene Gräten entfernen. Mit der Fischbrühe den Risotto nach dem Grundrezept zubereiten. Nach 10 Minuten die kleinen Fischstückchen zum Reis geben und unter gelegentlichem Umrühren weiterköcheln lassen.

   Kurz bevor der Risotto fertig ist, die beiseite gelegten Fischfiletstücke in einer Pfanne anbraten. Den Safran unter den Risotto rühren und ganz zum Schluss, wie im Grundrezept beschrieben, mit einem Stückchen Butter und dem Parmesan binden.

   Den Risotto mit je einem gebratenen Stück Steinbeißer auf den Tellern anrichten, einige Tropfen bestes Olivenöl darüberträufeln und mit frischen Schnittlauchröllchen bestreut servieren.

*Mein Weintipp* • Vernaccia di S. Gimignano oder Rosé

# SPARGEL-RISOTTO

**Für 4 Personen**

**1 kg weißer oder grüner Spargel • Zutaten für Risotto (siehe Grundrezept)**

Den grünen Spargel waschen und die weißen Enden großzügig schälen, beim weißen die Enden abschneiden und die Stangen schälen. Die Spargelspitzen abschneiden und den Rest schräg in Stücke schneiden. Den Risotto nach dem Grundrezept zubereiten. Die Spargelstücke nach der Hälfte der Garzeit zum Reis geben und mitdünsten, die Spitzen erst kurz vor Schluss unterheben. Sie können den Risotto auf Parmesanhippen (siehe S. 132) anrichten.

*Mein Weintipp* • Ribolla Gialla oder Pinot Grigio

# RISOTTO *mit Steinpilzen*

**Für 4 Personen**

**1 Hand voll getrocknete Steinpilze • Zutaten für Risotto (siehe Grundrezept)**

Diesen Risotto mache ich meistens mit getrockneten Steinpilzen, weil sie im Reis intensiver schmecken als frische. Die Steinpilze zunächst einweichen. Den Risotto nach dem Grundrezept zubereiten und die Pilze gleich am Anfang zum Reis geben und mitgaren.          [ohne Abb.]

*Mein Weintipp* • Merlot oder Taurasi

# POLENTA

»In Italien sagt man, dass die Menschen im Friaul so gesund und kräftig sind, weil sie so viel Polenta essen.«

# POLENTA *Grundrezept*

**Für 8 Personen**

**Etwa 500 g Maismehl für Polenta • 2 l Wasser • etwas Salz**

Das Wasser mit etwas Salz zum Kochen bringen und bei nur noch geringer Hitzezufuhr langsam das Polentamehl mit einem Schneebesen einrühren. Nicht alles auf einmal einstreuen, damit sich keine Klümpchen bilden. Ich gebe lieber immer etwas weniger Maismehl in das Wasser, damit ich die Konsistenz besser kontrollieren kann. Die Polenta sollte einem Kartoffelbrei gleichen und schwer vom Rührlöffel fallen. Wenn sie zu flüssig ist, können Sie weiteres Mehl dazugeben. Bei einer Polenta kann man keine exakte Angabe für die wirklich benötigte Menge Mehl machen, denn jedes Polentamehl ist anders.

Die Polenta bei geringer Hitze ungefähr 40 Minuten quellen lassen. Wegen der unterschiedlichen Maismehlsorten richten Sie sich dabei am besten nach dem Hinweis auf der Verpackung. Während des Kochens die Polenta häufig umrühren, damit sie nicht anbrennt. Dann ist sie fertig und kann weiterverarbeitet werden.

# GEGRILLTE POLENTA

**Für 8 Personen als Beilage**

**Zutaten für Polenta (siehe Grundrezept)**

Polenta nach dem Grundrezept zubereiten, auf ein Brett streichen, etwa 2–3 cm dick, und abkühlen lassen. Die nun feste Polenta mit einem Messer oder wie oben abgebildet mit einem straff gespannten Faden in Scheiben schneiden und in eine gefettete feuerfeste Form legen. Dann erst von der einen Seite übergrillen, wenden und nun auch von der anderen Seite rösten.

Gegrillte Polenta schmeckt hervorragend zu Wild und Geschmortem. Man kann sie zu Gulasch reichen oder einfach nur mit einem guten Käse essen. Das Polentagrundrezept lässt sich wunderbar ein oder zwei Tage vorher zubereiten.

# NARTA
## *Ein besonderes Rezept meiner Mutter*

**Für 4–6 Personen als Hauptgericht**

**Zutaten für Polenta (siehe Grundrezept) • 1 l Milch • ½ l Wasser • 150 g Maismehl • 250 g Butter • 350 g geriebener, 18 Monate gereifter Montasio, ersatzweise Parmesan oder Grana Padano • Salz • Pfeffer aus der Mühle**

Wichtig bei diesem Rezept ist, dass die Polenta und die weiße Sauce gleichzeitig zubereitet werden, damit sie zur selben Zeit fertig, frisch und warm sind.

Während die Polenta nach dem Grundrezept köchelt, für die weiße Sauce die Milch mit Wasser und etwas Salz langsam aufkochen. Unter ständigem Rühren das Maismehl zugeben. Die Sauce erneut aufkochen und mit heißer Milch verdünnen, falls sie zu dick wird. Unter Rühren 20 Minuten köcheln lassen und mit Pfeffer abschmecken.

Eine Auflaufform mit etwas Butter einfetten, die restliche Butter in einem kleinen Topf zerlassen, bis sie haselnussbraun ist. Inzwischen eine Schicht Polenta in die Form füllen, eine Kelle weiße Sauce und eine Hand voll geriebenen Käse darübergeben. Dann kommt, wie bei einer Lasagne, wieder eine Lage Polenta, Sauce, Käse usw. Zum Schluss noch etwas Käse und die zerlassene braune Butter darübergeben und sofort servieren.

Die Narta muss nicht mehr im Ofen überbacken werden. Wenn sie schnell genug zubereitet wird, kann sie sofort gegessen werden. Sonst im Ofen mit Alufolie bedeckt aufwärmen.

In meiner Kindheit war das mein Lieblingsgericht. Da es etwas aufwändig ist, war es immer etwas Besonderes. Meine Mutter machte es zu Weihnachten, Ostern oder an Geburtstagen. Es ist gerade für Vegetarier ein Leckerbissen.

[ohne Abb.]

# POLENTINA *mit geschmolzenem Montasio*

**Für 8 Personen als Vorspeise**

**Zutaten für Polenta (siehe Grundrezept) • 100 ml Milch • 100 g Sahne • 200 g Montasio • 30 g Speisestärke • 150 ml Brühe • 50 g Räucherricotta oder Ziegenkäse • 50 g Butter**

Polentina nach dem Polenta-Grundrezept zubereiten, dabei aber nur die Hälfte der angegebenen Maismehlmenge auf die ganze Wassermenge verwenden. Am Ende sollte die Polentina eine so feine Konsistenz haben, dass sie auf dem Teller zerläuft.

Für die Montasio-Creme Milch und Sahne erwärmen und den Montasio hineinreiben. Während der Käse in der warmen Milch schmilzt, die Speisestärke in der Brühe glattrühren und damit die Käsesauce binden.

Die Butter zerlassen, bis sie braun wird. Die Polentina auf Teller verteilen und die Creme in die Mitte geben. Die Butter über die Polentina träufeln. Zum Schluss noch etwas Räucherricotta oder einen anderen Hartkäse darüberreiben.

[Abb. S. 82 | 83]

# FISCH

»Für Fisch nehme ich meistens ein sehr aromatisches Olivenöl, das stark im
Geschmack ist, zum Beispiel das sizilianische Öl. Egal, was für ein Fisch, er muss
weiter schwimmen können. Olivenöl und Zitrone, die meisten Fische brauchen
gar nichts anderes mehr.«

# GEFÜLLTER THUNFISCH
## *auf Kartoffelsauce*

**Für 6 Personen**

**6 Thunfischfilets, je ca. 200 g und 2 cm dick • 100 g Lardo, am besten Lardo di Colonnata • 2–3 Schalotten • 3–4 EL bestes Olivenöl • 2 Lorbeerblätter • 1 Knoblauchzehe • 2–3 mehlige Kartoffeln • 300 ml Gemüse- oder Fleischbrühe • 125 g Büffelricotta • ein Bund Rucola oder 150 g frischer Blattspinat • Salz • weißer Pfeffer aus der Mühle**

Den Lardo in kleine Würfel schneiden. Die Schalotten schälen, kleinschneiden und in etwas Olivenöl andünsten. Die frischen Lorbeerblätter, die geschälte ganze Knoblauchzehe und die Schinkenwürfel dazugeben.

Die Kartoffeln schälen, in Würfel schneiden und in die Pfanne geben. Mit der Brühe aufgießen und 20 Minuten bei mittlerer Temperatur köcheln lassen, bis die Kartoffeln gar sind. Lorbeerblätter und Knoblauch herausnehmen und die Kartoffeln zu einer glatten Sauce pürieren. Mit Salz und Pfeffer abschmecken.

Den Büffelricotta mit Salz und Pfeffer würzen, den Rucola oder Spinat waschen und kleinschneiden. In die Fischfilets längs eine Tasche schneiden und mit Rucola oder Spinat und Ricotta füllen. Kurz von beiden Seiten anbraten, so dass der Fisch innen noch rosa ist. Salzen und pfeffern.

Etwas Kartoffelsauce in die Mitte der Teller geben, die gefüllten Fischfilets darauf anrichten und etwas Olivenöl über die Filets träufeln. Dazu passt ein leichter Salat.

*Mein Weintipp* • **Nero d'Avola oder Montepulciano**

# STEINBUTT *mit Kapern*

**Für 4 Personen**

**4 Steinbuttfilets, je ca. 200 g • 2–3 EL Olivenöl • 4 Sardellen • 250 ml Fischbrühe • 2 EL Kapern • Saft von 1 Zitrone • 100 ml Weißwein • ein Stückchen sehr kalte Butter • 2 EL fein gehackte glatte Petersilie • Salz • weißer Pfeffer aus der Mühle**

Die Steinbuttfilets langsam von beiden Seiten etwa 8 Minuten in Olivenöl braten und mit Salz und Pfeffer würzen.

Währenddessen die Sardellen in kleine Stücke schneiden und in der Brühe mit Kapern, Zitronensaft und Weißwein erhitzen und etwas ziehen lassen.

Wenn der Steinbutt gar ist, das Öl abgießen und die Brühe zum Fisch in die Pfanne geben. Nun nur noch die kalte Butter unterrühren, damit die Sauce bindet.

Die Petersilie erst kurz vor dem Servieren über den Fisch streuen, damit sie grün bleibt.

*Mein Weintipp* • **Greco di Tufo oder Arneis**

# DORADENFILET *auf Safran-Tomaten-Sugo*

**Für 4 Personen**

4 Doradenfilets, je ca. 200 g  •  1–2 Schalotten  •  500 g Kirschtomaten  •  3 Knoblauchzehen  •  6–8 große Basilikumblätter
•  3 EL Olivenöl  •  einige echte Safranfäden und 1 Messerspitze
Safranpulver  •  500 g grüner Spargel  •  1 EL Pesto (siehe S. 61)
•  Salz  •  weißer Pfeffer aus der Mühle

Natürlich können Sie dieses Rezept auch mit anderen
Fischfilets zubereiten, ganz nach Geschmack und Angebot,
Hauptsache, der Fisch ist wirklich frisch!

Den Fisch auf der Hautseite scharf anbraten, damit die
Haut knusprig wird und das Fleisch saftig bleibt. Nach etwa
3 Minuten einmal wenden und nach 1 Minute herausnehmen.

Die Schalotten schälen und würfeln. Die Kirschtomaten
waschen und vierteln, die Knoblauchzehen nur schälen. Alles
mit den Basilikumblättern in Olivenöl anbraten und
10 Minuten dünsten.

Inzwischen den grünen Spargel waschen und das helle
Ende großzügig abschneiden. Den Spargel 5 Minuten blanchieren, anrichten und mit Pesto bestreichen.

Knoblauch und Basilikum aus der Sauce entfernen. Safran
hineingeben, alles pürieren und mit Salz und Pfeffer abschmecken.

Die Filets auf dem Spargel und der Sauce anrichten.

## *Mein Weintipp*
Vernaccia di San Gimignano oder Tocai Friulano

# OKTOPUS

**Für 6 Personen**

**1 küchenfertiger Oktopus, etwa 1,5 kg • 2 Hand voll verschiedene Kräuter, z. B. Schnittlauch, Dill, Petersilie, Thymian, Rosmarin, Salbei, Basilikum, Selleriegrün • 2–3 Schalotten • 3–5 Lorbeerblätter • 1 unbehandelte Zitrone, halbiert • 2 EL Basilikumblätter • eine Hand voll Pinienkerne • etwas Zitronensaft • sizilianisches Olivenöl • Salz • weiße Pfefferkörner**

Den Oktopus waschen, Augen und Knorpel entfernen und in einen Topf mit kaltem Wasser legen. Die frischen Kräuter waschen und klein hacken, die Schalotten schälen und in Ringe schneiden. Alles mit frischen Lorbeerblättern, der Zitrone, Salz und Pfeffer ins Wasser geben und zum Kochen bringen. Je nach Größe des Oktopus ungefähr 50 Minuten köcheln lassen. Im Kochwasser abkühlen lassen und nur nochmals kurz darin aufwärmen, wenn die Gäste da sind. Er lässt sich auf diese Weise wunderbar vorkochen.

Den Oktopus in großzügige Stücke teilen, auf den Tellern anrichten und mit ganz fein geschnittenem Basilikum und Pinienkernen garnieren. Etwas Zitronensaft und sizilianisches Olivenöl darüberträufeln.

*Mein Weintipp* • Pinot Bianco oder Sauvignon

# GRATINIERTER SEETEUFEL *mit Tomaten*

**Für 4 Personen**

**4 Seeteufelfilets, je ca. 200 g • 2–3 EL Olivenöl • 1 Schuss guter Weißwein • 3 EL Fischbrühe • 10 Kirschtomaten • 4 EL Tomatensugo (siehe S. 59) • 2 EL Oliven, 2 EL Kapern oder 1 EL Pinienkerne (nach Belieben) • 2–4 EL gehackte glatte Petersilie • Salz • weißer Pfeffer aus der Mühle Für die Semmelbrösel: 4–6 EL aus 2 Scheiben trockenem Weißbrot**

Die Filets von beiden Seiten in Olivenöl anbraten, mit etwas Salz und Pfeffer würzen und mit Weißwein und Brühe ablöschen. Die Kirschtomaten waschen, vierteln und mit Tomatensugo und Oliven, Kapern oder Pinienkernen zum Fisch geben. Einige Minuten köcheln lassen.

Für die Semmelbrösel die trockenen Weißbrotscheiben in einem Mixer zerkleinern oder mit einem Nudelholz unter Klarsichtfolie zu Bröseln zerstoßen.

Zum Gratinieren Semmelbrösel und ein bisschen Petersilie auf dem Fisch verteilen und im vorgeheizten Ofen bei 220°C in 10 Minuten goldbraun werden lassen.

*Mein Weintipp* • **Tocai Friulano oder Pinot Bianco**

# LACHSFILET *in Prosecco-Sahnesauce*

**Für 4 Personen**

**4 Lachsfilets, je ca. 200 g • 3 EL Olivenöl • 150 ml Prosecco • 200 g Sahne • 150 ml Fischbrühe • ein Stückchen sehr kalte Butter • Salz • weißer Pfeffer aus der Mühle**

Die Lachsfilets in heißem Olivenöl auf der Hautseite 5 Minuten scharf anbraten, auf der anderen Seite 3 Minuten. Mit Salz und Pfeffer würzen. Sie können die Filets auch grillen, dann ist der Lachs etwas leichter.

Inzwischen den Prosecco mit der Sahne und der Brühe bei starker Hitze in einer Pfanne etwas einkochen lassen. Zum Schluss die Sauce mit Salz und Pfeffer abschmecken und mit der kalten Butter binden.

Die gebratenen Lachsfilets in der Sauce noch einige Minuten ziehen lassen.

*Mein Weintipp* • **Prosecco oder Chardonnay**

# SCAMPI MIT KRÄUTERN *aus dem Ofen*

**Für 4 Personen**

**20 große Scampi • 2 EL Cognac • 2 EL Olivenöl • 100 ml Weißwein • 100 ml Fischbrühe • 2 Hand voll Kräuter, z. B. Rosmarin, Salbei, Thymian und glatte Petersilie • 4–6 EL Semmelbrösel aus 2 Scheiben trockenem Weißbrot • 1 Stückchen sehr kalte Butter (nach Belieben) • Salz • weißer Pfeffer aus der Mühle**

Die Scampi schälen und den Darm auf dem Rücken entfernen. Sehr große Exemplare der Länge nach halbieren. Alle in einer ofenfesten Form nebeneinander legen und mit Salz und Pfeffer würzen. Cognac, Olivenöl, Weißwein und Fischbrühe mischen und darübergießen.

Die frischen Kräuter waschen, trockentupfen und grob hacken. Mit den Semmelbröseln (siehe S. 93) über die Scampi streuen. Den Ofen auf 220 °C vorheizen und die Scampi etwa 10 Minuten backen. Sobald sie rot sind und die Kräuter duften, sind die Scampi gar. Wenn Sie wollen, können Sie die Weißweinsauce noch mit einem Stückchen kalter Butter binden. Dazu passen am besten selbstgebackenes Brot (siehe S. 8) und ein knackiger Salat.

*Mein Weintipp* • Trebbiano oder Lugana

# WOLFSBARSCH
## *nach Art der Trattoria Romagnola*

**Für 2 Personen**

1 ganzer Wolfsbarsch, 1–1,5 kg • etwas Meersalz • 2 EL glatte Petersilie • 1 Knoblauchzehe (nach Belieben) • 3–4 EL Olivenöl 3–5 Kartoffeln • 1 Hand voll Kirschtomaten • 2 Lorbeerblätter • 2 EL Kapern • 3 EL Taggiasche-Oliven • ½ TL getrockneter Fenchelsamen, vorzugsweise von wildem Fenchel (nach Belieben) • 1 Schuss guter Weißwein • etwa 150–200 ml Fischbrühe • Salz • weißer Pfeffer aus der Mühle

Wolfsbarsch kauft man als ganzen Fisch, den man sich gleich beim Fischhändler ausnehmen und entschuppen lassen sollte. Waschen und trocknen, dann innen mit etwas Meersalz einreiben. Den »nackten« Fisch in eine ofenfeste Form legen und mit glatter Petersilie und nach Belieben einer geschälten, ganzen

Knoblauchzehe füllen. Das Olivenöl in die Form gießen.

Die Kartoffeln schälen und in sehr dünne Scheiben schneiden. Die Kirschtomaten waschen und vierteln. Kartoffeln und Tomaten mit den frischen Lorbeerblättern, Kapern, Oliven und Fenchelsamen um den Fisch herum in die Form geben. Die Kartoffeln knapp mit Brühe bedecken und Salz, Pfeffer und einen Schuss Weißwein hinzugeben. Mit Alufolie abdecken. Den Ofen auf 220°C vorheizen und den Fisch 20–25 Minuten garen.

Zum Servieren die Haut behutsam mit Gabel und Löffel abziehen, das Filet unterhalb des Kopfes lösen und entlang der Mittellinie teilen. Die Filethälften nach oben und unten vorsichtig abheben. Dann den Kopf entfernen, das Grätengerüst im Ganzen ablösen und die unteren Filethälften verteilen.

*Mein Weintipp* • **Arneis oder Vermentino**

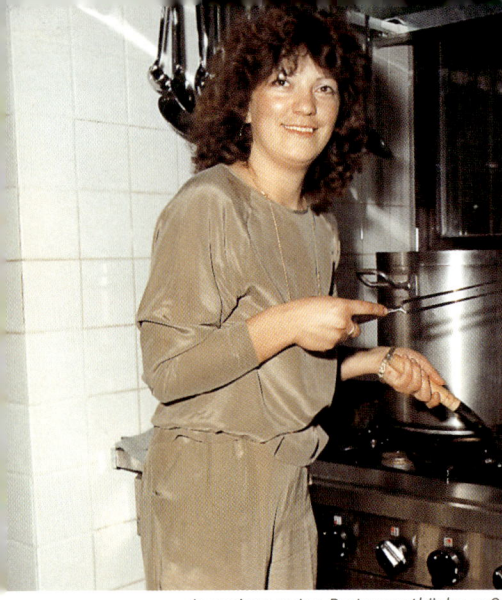

In meiner ersten Restaurantküche, 1982

*»Eigentlich habe ich die Trattoria nur eröffnet, weil ich meinen Sohn und mich ernähren musste.«*

## Angekommen

Ich wollte nach Deutschland zurück – nach Hagen, wo ich aufgewachsen war. Auf dem Weg dahin besuchte ich in Darmstadt meine neue Freundin Ingrid, die ich in Bibione kennen gelernt hatte und die heute eine meiner besten Freundinnen ist. Das Leben in Darmstadt gefiel mir auf Anhieb, die Menschen waren locker, fast schon ein bisschen italienisch. Ja und so wurden aus ein paar Tagen dreißig Jahre!

Ich arbeitete als Verkäuferin. Als meine Patentante im Sterben lag, ging ich für eine Weile wieder nach Italien zurück und pflegte sie. In dieser Zeit wurde mir klar, dass ich mir ein Kind wünschte. Nachdem ich nach Darmstadt zurückgekehrt war, wurde ich bald darauf schwanger. Ich freute mich, obwohl ich mit dem Vater des Kindes nicht zusammenleben wollte.

Im März 1983 kam Filippo in Italien auf die Welt. Ich wollte meinen Sohn während der Arbeitszeit nicht weggeben, und ich wollte etwas Eigenes aufbauen. So besann ich mich darauf, wie gern ich für meine Brüder und Kollegen gekocht hatte. In Darmstadt fand ich 1985 eine ehemalige Pizzeria und Freunde halfen mir, sie umzubauen.

Trattoria Romagnola – dieser Name passte zu dem, was ich verwirklichen wollte. Meine deutschen Gäste konnten den Namen kaum aussprechen, behielten ihn aber um so besser im Gedächtnis. Ich hatte meinen Sohn und eröffnete eine Trattoria: Jetzt war ich wirklich angekommen in Deutschland.

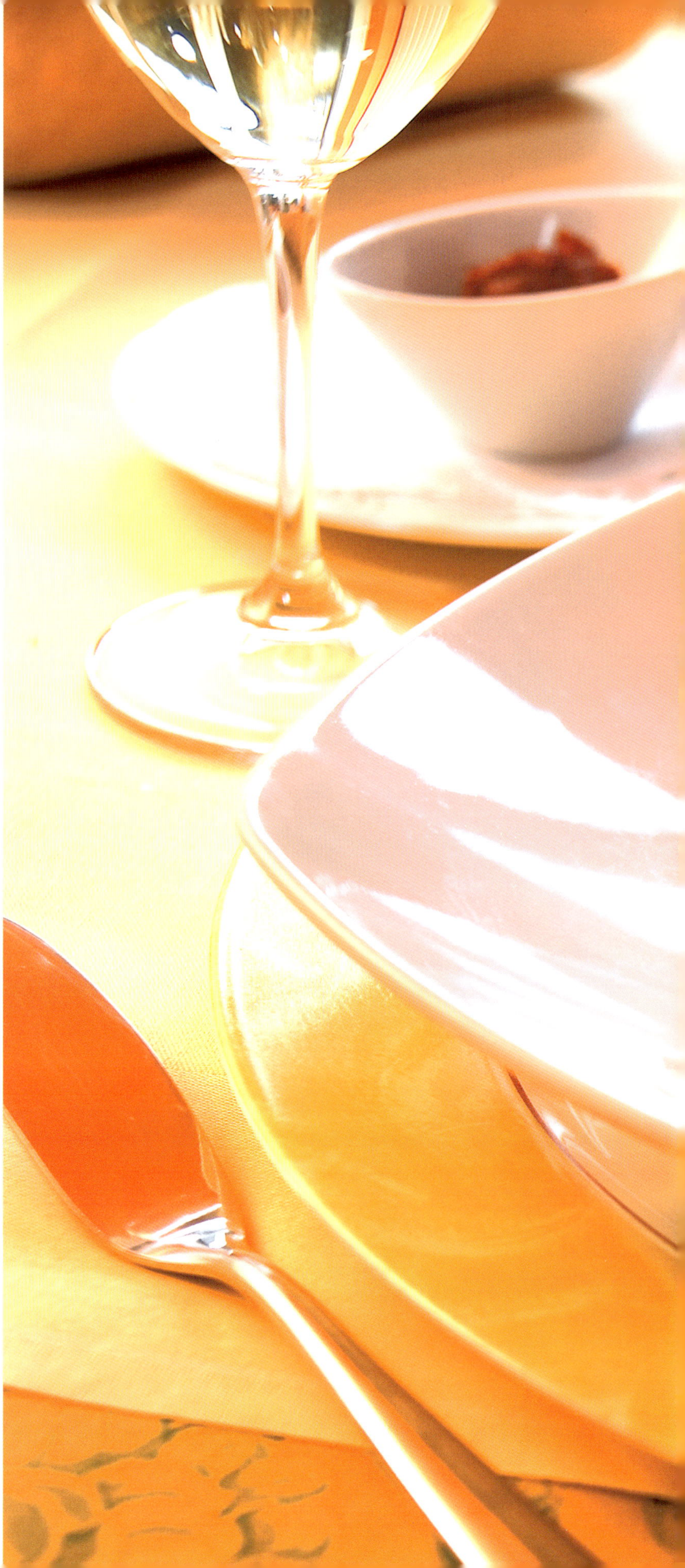

# ZANDERFILET *mit Thymian und Pflaumensahne*

**Für 4 Personen**

**4 Zanderfilets mit Haut, je circa 150 g • 2 EL Olivenöl • 2 EL Cognac • 200 g Sahne • 200 ml Fischbrühe • 1 Thymianzweig • 1 Stückchen sehr kalte Butter • 8 saftige Trockenpflaumen • Salz • weißer Pfeffer aus der Mühle**

Die Zanderfilets auf der Hautseite bei mittlerer Hitze in Olivenöl anbraten. Sie müssen nicht gewendet werden. Mit Salz und Pfeffer würzen. Wenn die Filets nach etwa 5 Minuten schon fast durch sind, flambieren: Dazu in der Pfanne mit Cognac übergießen und anzünden. Der Alkohol verbrennt dabei und hinterlässt durch Rückstände und Aromen die besonders leckere Flambierwürze.

Inzwischen Sahne und Brühe in einem Topf erhitzen und bei starker Hitze etwas einkochen lassen. Den Thymianzweig waschen, trocknen und die Blätter in die reduzierte Sauce zupfen. Zum Binden ein Stückchen kalte Butter unterrühren. Mit Salz und Pfeffer abschmecken.

Die Pflaumen klein schneiden und mit den flambierten Zanderfilets in der Sauce 2–3 Minuten ziehen lassen, damit sich die Aromen verbinden können.

*Mein Weintipp* • Lugana oder Croce

# FLEISCH

»Mein Vater legte Wert darauf, dass zu Hause in Italien das Essen für die Familie aus
eigener Produktion kam, sogar das Fleisch. Und ich schmecke immer noch den Unterschied.«

# POLLO CON PATATE
## Hühnchen mit Kartoffeln aus dem Ofen

**Für 4 Personen**

1 Maispoularde oder 1 großes Maishähnchen, etwa 1200 g • 1 Knoblauchzehe • 3 Zweige Rosmarin • 10 Salbeiblätter • bestes Olivenöl • 200 g Staudensellerie • 200 g Möhren • 3 EL Tomatenmark oder 100–150 ml Weißwein • 500 g Kartoffeln • Salz • schwarzer Pfeffer aus der Mühle

Salbei und Rosmarin waschen und trockentupfen. In einer Kasserolle die ungeschälte Knoblauchzehe, Salbei und Rosmarin in Olivenöl andünsten. Das Hähnchen von allen Seiten in den Kräutern anbraten. Die Fäden vom Staudensellerie abziehen und die Stangen mitsamt dem Grün in feine Scheibchen schneiden. Die Möhren schälen, in Stücke schneiden und mit dem Sellerie zum Hähnchen geben. Tomatenmark oder Weißwein, je nach Geschmack, einrühren und mit Salz und Pfeffer würzen. Alles in eine ofenfeste Form füllen, mit Alufolie bedecken und im auf 200 °C vorgeheizten Ofen etwa 1 Stunde garen.

Die Kartoffeln schälen und in Stücke schneiden und fast weich kochen. 30 Minuten vor Ende der Garzeit des Hähnchens die Kartoffelstücke dazugeben, noch einmal salzen und pfeffern, wieder abdecken und fertig garen. Die letzten Minuten offen backen, damit Hähnchen und Kartoffeln unter dem Ofengrill knusprig werden, innen aber noch saftig sind. Vor dem Servieren die Knoblauchzehe entfernen.

*Mein Weintipp* • Tocai Friulano oder Barbera

# PERLHUHNBRUST
## *gefüllt mit Spargel und Lardo*

**Für 4 Personen**

**4 Perlhuhnbrüste mit Brustknochen • 4 Stangen grüner Spargel • 4 Scheiben Lardo, am besten Lardo di Colonnata • 2 EL Olivenöl • 200 g junge Möhren oder rote Paprika • 4 Schalotten • 1 geschälte Knoblauchzehe • 150 ml Gemüsebrühe • Salz • schwarzer Pfeffer aus der Mühle**

Den grünen Spargel waschen und die weißen Enden großzügig abschneiden. Die Stangen 8 Minuten in kochendem Salzwasser garen. Abgießen und jeweils mit einer Scheibe Lardo umwickeln. Perlhuhnbrüste gründlich waschen und trockentupfen. Brüste seitlich einschneiden, mit dem Spargel füllen und mit Küchengarn wie eine Roulade binden. Von allen Seiten in Olivenöl kurz anbraten, dann im vorgeheizten Ofen bei 200°C für 20 Minuten garen.

Für die Sauce die Möhren und die Schalotten schälen, klein schneiden und mit der geschälten Knoblauchzehe in der Gemüsebrühe dünsten. Die Knoblauchzehe entfernen, die Sauce mit dem Stabmixer pürieren und mit Salz und Pfeffer abschmecken.

Sie können diese Sauce auch auf der Basis von roter Paprika zubereiten. Dazu die Paprika bei 200°C unter den Backofengrill legen, bis die Haut schwarz wird, ab und zu wenden. Dann die Haut abziehen, die Paprika entkernen und klein schneiden. Mit den Schalotten und der Knoblauchzehe in Olivenöl dünsten, die Zehe dann entfernen und die Sauce anschließend pürieren.

Die fertigen Perlhuhnbrüste aus dem Ofen nehmen und das Küchengarn entfernen. Die Sauce auf die Teller geben. Die Brüste aufschneiden und in zwei Teilen, mit dem Knochen nach oben, auf der Sauce anrichten. Es sieht aus, als hätte man eine Keule.

*Mein Weintipp* • Schioppettino oder Merlot

# KANINCHEN
## *auf ligurische Art*

**Für 4 Personen**

**1 küchenfertiges Kaninchen, ca. 1200 g, oder 4 Kaninchen-keulen • etwa 500 ml trockener Weißwein • 2 Hand voll Kräuter, z. B. Thymian, Salbei, Rosmarin • 2 Knoblauchzehen • 3 Lorbeerblätter • 2–3 Gewürznelken • 1 EL schwarze Pfefferkörner • 500 g Lardo, am besten Lardo di Colonnata • 1 ganze Knoblauchknolle • 1 Kartoffel • 100 ml Gemüse-brühe • eine Hand voll Taggiasche-Oliven • bestes Olivenöl • Salz • schwarzer Pfeffer aus der Mühle**

Das Kaninchen in 6–8 Stücke zerlegen, waschen, trocken-tupfen und in ein Gefäß legen. Die frischen Kräuter waschen und grob hacken. Die Knoblauchzehen schälen und in Scheiben schneiden. Zusammen mit den Kräutern, frischen Lorbeer-blättern, Gewürznelken, Pfefferkörnern und dem Weißwein zu einer Marinade mischen und diese über die Kaninchenteile gießen. Über Nacht abgedeckt im Kühlschrank marinieren lassen.

Die Kaninchenteile aus der Marinade nehmen, mit Olivenöl bestreichen, salzen und pfeffern. In einen Bräter legen.

Den Lardo in dicke Scheiben schneiden und auf die Kanin-chenteile legen – so bleiben sie wunderbar zart, trocknen nicht aus und nehmen den köstlichen Geschmack des Lardo an. Die Knoblauchknolle wird ungeschält im Ganzen zum Fleisch gelegt. Den Ofen auf 200 °C vorheizen und das Kaninchen 30 Minuten braten.

Die Kartoffel schälen und in kleine Würfel schneiden. Nach den 30 Minuten mit der Brühe und den Oliven zum Kaninchen geben und weitere 30 Minuten garen.

Schließlich die Knoblauchknolle entfernen und die Kanin-chenteile mit der Sauce auf den Tellern anrichten.

*Mein Weintipp* • Vermentino oder Gavi

# MILCHZICKLEIN
## *knusprig aus dem Ofen*

**Für 8 Personen**

½ Milchzicklein, circa 4 kg mit Knochen • 2 Hand voll Kräuter, z. B. Rosmarin, Salbei, Thymian • 200 ml Weißwein • 10 EL bestes Olivenöl • 2 Stangen Staudensellerie • 3–4 Möhren • 1 ½ Knoblauchknollen • 6 Lorbeerblätter • 1 EL schwarze Pfefferkörner • 2 Zwiebeln • 200 g Lardo, am besten Lardo di Colonnata • 300 g Kartoffeln • 4 EL Taggiasche-Oliven • etwa 500 ml Gemüsebrühe • Salz • schwarzer Pfeffer aus der Mühle

Für die Marinade die frischen Kräuter waschen, trockentupfen, grob hacken und mit dem Weißwein und 5 EL Olivenöl vermischen. Die Fäden vom Staudensellerie abziehen und die Möhren schälen. Beides in Stücke schneiden und zu der Marinade geben. Die ungeschälten Zehen von ½ Knoblauchknolle, frische Lorbeerblätter und Pfefferkörner hinzufügen. Alles gut verrühren und die Fleischstücke in die Marinade legen. Über Nacht oder mindestens 6 Stunden in den Kühlschrank stellen.

Das Fleisch aus der Marinade nehmen und in eine ofenfeste Form oder auf ein tiefes Blech legen. Dann mit Pfeffer würzen und mit Olivenöl bestreichen. Die Zwiebeln schälen und achteln. Mit den restlichen ungeschälten Knoblauchzehen zwischen die Fleischstücke legen und alles mit Lardo bedecken. Dieser sorgt zum einen dafür, dass das Fleisch saftig bleibt, zum anderen ist er so salzig, dass Sie vermutlich kein Salz mehr hinzufügen müssen.

Die Form oder das Blech mit Alufolie abdecken. Den Ofen auf 200 °C vorheizen und das Zicklein etwa 50 Minuten braten. Die Kartoffeln schälen, in kleine Würfel schneiden und nach den 50 Minuten mit den Oliven und der Brühe zum Fleisch geben. Alles gut vermischen und weitere 30 Minuten ohne Folie garen, damit Fleisch und Kartoffeln eine knusprige Kruste bekommen. Zum Schluss noch einmal mit Salz und Pfeffer abschmecken.

*Mein Weintipp* • Fiano di Avellino oder Morellino di Scansanoa

# LAMMKRONE *mit Kräuterkruste*

**Für 4 Personen**

4 Lammkronen, je etwa 350–400 g • 1–2 Hand voll  Kräuter, z. B.  Rosmarin, Thymian, Basilikum, Oregano und glatte Petersilie
• 80 g Pinienkerne • 4–6 EL Semmelbrösel aus 2 Scheiben trockenem Weißbrot (siehe S. 93) • 100 g Butter • grobes Meersalz
• schwarzer Pfeffer aus der Mühle

Für die Kruste die frischen Kräuter waschen, trockentupfen und mit den Pinienkernen und Semmelbröseln in einem Mixer feinhacken. Mit der Butter zu einer kompakten Masse vermischen und mit Meersalz und Pfeffer würzen. In einen Gefrierbeutel füllen, mit dem Nudelholz flachrollen und in den Kühlschrank legen.

Den Ofen auf 220°C vorheizen und die sehr leicht gesalzenen und gepfefferten Lammkronen auf ein geöltes Blech legen. Etwa 15 Minuten braten – das Fleisch sollte innen noch rosa sein. Aus dem Ofen nehmen.

Die Kräuterkruste vorsichtig aus der Tüte nehmen und für jedes Stück Fleisch passend zuschneiden. Auf die Lammkronen legen und für weitere 3–4 Minuten unter dem Backofengrill garen. Die Kruste sollte knusprig und goldbraun sein, aber nicht verbrennen.

Die Lammkronen auf Tellern anrichten. Dazu passen Rosmarinkartoffeln und Peperonata.

*Mein Weintipp* • Barbera oder Barolo

# LAMMFILET
## *mit Senfkruste*

**Für 4 Personen**

**12 Lammfilets • 1 Peperoncino • 4–6 EL Semmelbrösel aus 2 Scheiben trockenem Weißbrot (siehe S. 93) • 4 EL Olivenöl • 3–5 Schalotten • 1–2 Knoblauchzehen • je 2–3 Zweige Rosmarin und Thymian • etwa 200 ml Gemüse- oder Fleischfond • einige eiskalte Butterstückchen • 4–6 EL grobkörniger Dijon-Senf • Salz • schwarzer Pfeffer aus der Mühle**

Den Peperoncino waschen und sehr fein hacken. Mit den Semmelbröseln vermischen.

Die Lammfilets von allen Seiten in heißem Olivenöl kurz anbraten, aus der Pfanne nehmen und mit Salz und Pfeffer würzen. Beiseite stellen.

Für die Sauce die Schalotten und die Knoblauchzehen schälen und kleinschneiden. In der gleichen Pfanne, in der die Lammfilets angebraten worden sind, bei mittlerer Temperatur in 2 EL Olivenöl andünsten. Den Thymian und den Rosmarin waschen und trockentupfen. Die Blättchen abzupfen und zerkleinern und mit den Schalotten vermischen. Kurz dünsten, dann mit dem Fond ablöschen. Zum Schluss mit der kalten Butter die Sauce binden.

Die angebratenen Lammfilets mit Senf bestreichen und in der Semmelbröselmischung wenden.

Den Ofengrill auf 220°C vorheizen. Das Fleisch auf ein geöltes Blech legen und auf der zweitobersten Schiene etwa 3 Minuten grillen, bis die Kruste goldbraun, das Innere aber noch leicht rosa ist.

## *Mein Weintipp*
**Barbera oder Sagrantino di Montefalco**

# KALBSRÖLLCHEN *mit Mozzarella*

**Für 4 Personen**

4 Scheiben Kalbsrücken, sehr dünn geschnitten • 1 Bund Rucola • 125 g Mozzarella • 2 EL Olivenöl • 100 ml Weißwein • 100 ml Fleisch- oder Gemüsebrühe • 1 Stückchen kalte Butter • Salz • schwarzer Pfeffer aus der Mühle

Die Kalbsrückenscheiben mit dem Fleischklopfer mürbe klopfen.

Den Rucola waschen, trocknen und kleinschneiden. Den Mozzarella in Streifen schneiden. Die Kalbfleischscheiben mit Salz und Pfeffer würzen und jeweils etwas Rucola und Mozzarella darauf legen. Dann wie Rouladen aufrollen und eventuell mit einem Zahnstocher feststecken.

Die Röllchen von allen Seiten in Olivenöl scharf anbraten, dann das Öl abgießen und mit Weißwein ablöschen. Die Brühe hinzufügen und schließlich die Sauce mit kalter Butter binden. Auf Tellern anrichten und sofort servieren.

*Mein Weintipp* • **Fiano di Avellino oder Nero d'Avola**

# KALBS-OSSOBUCO

**Für 4 Personen**

**4 Scheiben Ossobuco (Beinscheiben vom Kalb), je ca. 300 g • etwas Mehl • 6 EL Olivenöl • 200 ml Weißwein • 2 Stangen Staudensellerie • 4 kleine Möhren • 8–10 Salbeiblätter • 3 EL Tomatenmark • 1 l Fleisch- oder Gemüsebrühe • 6 sonnengereifte Tomaten oder Tomaten aus der Dose (400 g) • Salz • schwarzer Pfeffer aus der Mühle**

Die Ossobucoscheiben mit Salz und Pfeffer würzen und in Mehl wenden. Von beiden Seiten in 3 EL Olivenöl scharf anbraten. Mit Weißwein ablöschen. Die Selleriestangen waschen und die Fäden abziehen. Die Möhren schälen. Beides in kleine Stücke schneiden. 3 EL Olivenöl in einem Bräter erhitzen und die Gemüsestücke und den Salbei darin anbraten. Die Kalbfleischscheiben und den Bratensatz dazugeben. Tomatenmark und Brühe einrühren. Die frischen Tomaten mit kochendem Wasser überbrühen, die Haut abziehen, das Fruchtfleisch würfeln bzw. die Dosentomaten zerkleinern. In den Bräter geben, Deckel auflegen und mindestens 1 Stunde bei niedriger Temperatur schmoren lassen. Nach der Garzeit salzen, pfeffern und servieren. Als Beilage passen Polenta oder Kartoffelpüree.

*Mein Weintipp* • **Sagrantino di Montefalco oder Barolo**

# KALBSLEBER *in Butter und Salbei gebraten*

**Für 4 Personen**

**4 Scheiben Kalbsleber, in dünne lange Scheiben geschnitten • etwas Mehl • 2 EL Keimöl • 50 g Butter • 10 Salbeiblätter • Salz • schwarzer Pfeffer aus der Mühle**

Die Kalbsleberscheiben in Mehl wenden. Im heißen Keimöl auf jeder Seite 2 Minuten scharf anbraten. Das Öl abgießen und die Butter in die Pfanne geben. Die frischen Salbeiblätter waschen, trockentupfen, grob hacken und in der heißen Butter einige Minuten mitbraten. Zum Schluss mit Salz und Pfeffer abschmecken. [ohne Abb.]

*Mein Weintipp* • **Nebbiolo oder Merlot**

# KALBSRÜCKEN *alla Daniela*

**Für 4 Personen**

**4 ausgelöste Kalbsrückenstücke, je etwa 300 g • 2 EL Olivenöl
• 75 g Butter zum Anbraten • 2–3 Chilischoten • 1 Knoblauchzehe • 150 ml Kalbsfond • 1 Stückchen eiskalte Butter
• Salz • schwarzer Pfeffer aus der Mühle**

Das Fleisch vom Fett befreien und auf jeder Seite mehrere
Minuten in heißem Olivenöl scharf anbraten.

Die Chilischoten von Stiel, Trennwänden und Samen befreien
und in feine Streifen schneiden. Knoblauch schälen und in feine
Scheiben schneiden. Bevor das Fleisch gar ist, das Öl abgießen,
die Butter hinzufügen und Chilischoten und Knoblauch kurz
mitbraten. Mit Kalbsfond ablöschen. Noch einmal aufkochen
und 5–7 Minuten ziehen lassen. Mit der kalten Butter die
Sauce binden und auf Tellern anrichten.

*Mein Weintipp*
**Ronco dei Roseti oder Brunello di Montalcino**

# RINDERFILET *auf Rucola*

**Für 4 Personen**

**800 g Rinderfilet • 6 EL bestes Olivenöl • 3 Bund Rucola • 100 g Kirschtomaten • 50 g gehobelter Parmesan • Saft von ½ Zitrone • Salz • schwarzer Pfeffer aus der Mühle**

Das Rinderfilet in 3 EL Olivenöl von allen Seiten scharf anbraten. Auf ein eingeöltes Backblech legen und für etwa 8 Minuten in den auf 220°C vorgeheizten Ofen schieben. Herausnehmen und in sehr dünne Scheiben schneiden. Rucola und Kirschtomaten waschen, die Tomaten vierteln. Mit dem Parmesan direkt auf den Tellern anrichten, die Filetscheiben darauflegen und die Fleischsauce vom Blech mit etwas Olivenöl und Zitronensaft als Dressing darüberträufeln.

*Mein Weintipp* • **Chianti Classico oder Barbera**

# BRASATO *vom Rind*

**Für 4–6 Personen**

**1 Stück Tafelspitz, etwa 1200 g • 2 große Zwiebeln • 150 g Möhren • 150 g Knollensellerie • 2 Hand voll Kräuter, z. B. Rosmarin, Salbei, Thymian, glatte Petersilie • 750 ml guter Rotwein, am besten Ronco di Roseti aus dem Friaul oder ein Barolo • 3 Lorbeerblätter • 4 Knoblauchzehen • 6 EL Olivenöl • 2 Stangen Staudensellerie • 2 l Fleischbrühe oder -fond • ein Stückchen sehr kalte Butter (falls die Sauce noch angedickt werden muss) • Salz • schwarzer Pfeffer aus der Mühle**

Für die Marinade 1 Zwiebel schälen und fein würfeln. Die Hälfte der Möhren und des Knollenselleries schälen und kleinschneiden. 1 Hand voll der frischen Kräuter waschen und grob hacken. Rotwein – er gibt dem Braten die Qualität –, kleingeschnittenes Gemüse, Kräuter, frische Lorbeerblätter, 2 ungeschälte ganze Knoblauchzehen und 3 EL Olivenöl in einer Schüssel vermischen und das Fleisch hineinlegen. 2 Tage, zumindest aber 24 Stunden, zugedeckt im Kühlschrank ziehen lassen. Das Fleisch aus der Marinade nehmen und abtropfen lassen. Die Marinade durch ein Sieb gießen, den Rotwein auffangen und beiseite stellen. Gemüse und Kräuter entfernen. Die zweite Zwiebel schälen und fein würfeln. Die restliche Hälfte der Möhren und des Knollenselleries schälen und fein würfeln. Den frischen Staudensellerie von den Fäden befreien, waschen und mit dem Grün in feine Scheiben schneiden. Die zweite Hand voll frischer Kräuter waschen und grob hacken. Zwiebel und 2 geschälte Knoblauchzehen in 3 EL Olivenöl anbraten. Die Knoblauchzehen entfernen und das Fleisch von allen Seiten anbraten. Leicht salzen und pfeffern. Hitze reduzieren und das Gemüse und die Kräuter mitdünsten, bis sie goldgelb sind. Mit dem aufgefangenen Rotwein ablöschen. Die Fleischbrühe dazugießen und bei geschlossenem Deckel etwa 3 Stunden bei niedriger Temperatur schmoren lassen. Den Braten aus dem Fond nehmen und in ein Küchentuch wickeln, damit er nicht austrocknet. Für die Sauce den Bratenfond mit Gemüse und Kräutern pürieren. Salzen und pfeffern. Den Brasato aufschneiden und mit der Rotweinsauce servieren. [ohne Abb.]

*Mein Weintipp* • **Ronco dei Roseti bzw. den Wein, den man zum Kochen verwendet hat**

*»Man sollte Kinder schon früh beim Kochen mithelfen lassen, ihnen den Spaß daran vermitteln, sie ernst nehmen und ihnen erlauben, dabei auch zu kleckern und Fehler zu machen. Dann lernen Kinder die frischen Zutaten besser kennen, können sie wertschätzen und entwickeln eher ein Gespür für Qualität und gute Ernährung.«*

*Filippo, 1986*

## Kind und Küche

Die Gäste kamen von Anfang an. Das Restaurant war ab mittags geöffnet. Tagsüber hieß es deshalb einkaufen, Filippo abholen, kochen, planen, Filippo im Kindersitz zu Mama in die Küche, Filippo Möhrchen knabbern lassen – das lebendige Treiben in der Küche bei Mama gefiel ihm natürlich besser als das Angebot diverser Kindermädchen: Die hat mein Figlio nicht akzeptiert!

Abends brachte ich Filippo in der Wohnung über der Trattoria ins Bett, wartete, bis er fest eingeschlafen war, und ging dann wieder hinunter zum Kochen. Meistens war schon jeder Tisch besetzt und die Bestellbons türmten sich. Also, Ärmel hochkrempeln und kochen, was das Zeug hielt!

Sonntags war geschlossen, damit Filippo und ich einen Tag für gemeinsame Unternehmungen hatten. Ich war mit meinem Lokal und meinem Sohn vollauf beschäftigt, Freunde und Bekannte mussten in die Trattoria kommen, um mich zu sehen, und an eine neue Partnerschaft konnte ich auch lange nicht denken.

Aber das Wichtigste ist mir gelungen: Kind und Arbeit zu verbinden. Ich sah Filippo heranwachsen und auch meine Trattoria entwickelte sich.

# SCHWEINEFILET *mit Aubergine und Mozzarella*

**Für 4 Personen**

**800 g Schweinefilet • 1 große Aubergine • 2 EL Olivenöl • 400 g Mozzarella • 4–5 Tomaten (nach Belieben) • Salz • schwarzer Pfeffer aus der Mühle**

Die Aubergine in Scheiben schneiden, mit Salz bestreuen und Wasser ziehen lassen. Das ausgetretene Wasser und das überschüssige Salz mit Küchenpapier abtupfen und die Auberginenscheiben anbraten. Sie können auch Tomaten waschen, in Scheiben schneiden und zusammen mit den Auberginenscheiben anbraten.

Das Schweinefilet in Medaillons schneiden und in Olivenöl scharf anbraten. Mit Salz und Pfeffer würzen.

Den Mozzarella in Scheiben schneiden und abwechselnd mit Fleisch, Auberginen und Tomaten in einer ofenfesten Form aufschichten und etwa 8 Minuten bei 200 °C überbacken, bis der Mozzarella geschmolzen ist. Auf den Tellern anrichten.

Wenn Sie wollen, können Sie außerdem einige Tomaten pürieren, mit Salz und Pfeffer abschmecken und darüberträufeln, dann wird das Gericht etwas saftiger.

*Mein Weintipp* • **Rosso di Montalcino oder Sangiovese**

# GEMÜSE

»Typisch italienische Küche kann einfach sein, aber sie ist immer frisch und aus dem Besten zubereitet.«

# MANGOLD *aglio, olio e peperoncino*

**Für 4 Personen**

**500 g Mangold • 3 Knoblauchzehen • 1 Peperoncino oder Chilischote • 5 EL Olivenöl • Salz • Pfeffer aus der Mühle**

Mangold eignet sich gut als Beilage zu Fleischgerichten, lässt sich aber auch als Vorspeise oder Zwischengang reichen.

Den Mangold gründlich waschen, dann die weißen Stiele von den Blättern abtrennen, weil sie länger garen müssen. Die Stiele in Scheiben schneiden, etwa 15 Minuten in Salzwasser garen und für die letzten fünf Minuten die Blätter dazugeben.

Den Knoblauch schälen und kleinhacken. Den Peperoncino waschen und klein hacken bzw. die Chilischote waschen, längs halbieren, von Kernen und Trennwänden befreien und in feine Scheiben schneiden. Mit dem Knoblauch und dem Mangold einige Minuten in einer Pfanne mit heißem Olivenöl dünsten. Zum Schluss salzen und pfeffern.

Wenn Sie es nicht so scharf mögen, können Sie auch den Peperoncino weglassen.

# BARBE DI FRATE

**Für 4 Personen**

**500 g Barbe di Frate (Mönchsbart) • 3 EL bestes Olivenöl • 1 EL Balsamico-Essig • 4 Kirschtomaten • Salz • Pfeffer aus der Mühle**

Barbe di Frate gibt es im Frühjahr zu kaufen. Er wird wie Spinat in Salzwasser blanchiert. Mit Olivenöl und Balsamico-Essig vermischen, mit Salz und Pfeffer würzen und auf den Tellern anrichten. Mit einer Kirschtomate garnieren.

# PEPERONATA

**Für 4 Personen**

**1 Aubergine • 1 Zwiebel • je 1 gelbe, rote und grüne Paprikaschote • 2 Zucchini • 4 EL Olivenöl • 1 Chilischote (nach Belieben) • 1 Hand voll Kräuter, z.B. Basilikum, Thymian und Oregano • Salz • Pfeffer aus der Mühle**

Die Aubergine waschen, den Stielansatz entfernen und in Würfel schneiden. Etwas grobes Salz auf die Auberginenwürfel streuen und ein paar Minuten zur Seite stellen. Die ausgetretene bittere Flüssigkeit und das überschüssige Salz mit Küchenpapier abtupfen. Die Zwiebel schälen und grob hacken. Die Paprikaschoten waschen, längs halbieren, entkernen und in kleine Würfel schneiden. Die Zucchini waschen, den Stielansatz entfernen und fein würfeln. Zwiebeln und Paprika in Olivenöl anbraten. Dann die Auberginenwürfel dazugeben und bei geschlossenem Deckel einige Minuten dünsten.

In der Zwischenzeit die Zucchiniwürfel 2 Minuten in kochendem Salzwasser blanchieren und mit kaltem Wasser abschrecken. Zu dem übrigen Gemüse in die Pfanne geben. Bei geschlossenem Deckel auf niedriger Stufe mindestens 30 Minuten dünsten.

Wenn Sie es gerne scharf mögen, können Sie noch eine Chili mitdünsten. Dazu die Chilischote waschen, längs halbieren, von Kernen und Trennwänden befreien und in feine Scheiben geschnitten zum Gemüse geben.

Thymian und Oregano waschen, trockentupfen und die Blättchen abzupfen. Die Basilikumblätter etwas kleinschneiden. Sobald die Peperonata gar ist, mit den frischen Kräutern würzen und mit Salz und Pfeffer abschmecken.

Wenn die Sauce besonders schön aussehen soll, lassen Sie die Auberginen weg und dünsten die Peperonata nur noch 10 Minuten, nachdem die Zucchini dazu gekommen sind.

# GRATINIERTER FENCHEL

**Für 4 Personen**

**3 Fenchelknollen • 1 Schnitz Zitrone • 50 g Butter • 50 g geriebener Parmesan • Salz • Pfeffer aus der Mühle**

Die Fenchelknollen achteln oder vierteln und mit dem Zitronenschnitz etwa 10 Minuten in Salzwasser garen. In eine ofenfeste Form legen und Salz, Pfeffer, Butter und viel Parmesan hinzufügen. Kurz unter dem 200 °C heißen Ofengrill gratinieren. Fenchel eignet sich gut als Beilage zu allen Fleischgerichten.

# FRITTIERTE ARTISCHOCKENBÖDEN

**Für 4 Personen**

**4 mittelgroße zarte Artischocken • Saft von 1 Zitrone • 1 Ei • 50 g geriebener Parmesan • etwas Mehl zum Panieren • Salz • Pfeffer aus der Mühle • Öl zum Frittieren**

Die Artischocken vorbereiten (siehe S. 19). Die Böden mit den Herzen in ca. 1,5 cm dicke Scheiben schneiden und sofort in Zitronenwasser legen, damit sie sich nicht verfärben. Das Ei mit Parmesan, Salz und Pfeffer verrühren. Die Artischockenscheiben erst in Mehl, dann in der Panade und wieder in Mehl wenden. In der Pfanne in heißem Öl goldgelb frittieren. Auf Küchenpapier abtropfen lassen und sofort noch warm oder auch kalt servieren. [ohne Abb.]

# CIME DI RAPA *aglio e olio*

**Für 2 Personen**

**1 kg Cime di Rapa (wilder Brokkoli) oder gewöhnlicher Brokkoli • 1–2 Knoblauchzehen • 1 Chilischote • 2–3 EL bestes Olivenöl • etwas Zitronensaft (nach Belieben) • Salz • Pfeffer aus der Mühle**

Cime di Rapa ist wilder Brokkoli, der aber auch in Italien schon lange nicht mehr nur wild wächst, sondern auch angebaut wird. Den Brokkoli putzen, waschen, in Röschen teilen, beim wilden Brokkoli auch die jungen Stiele und Blätter verwenden. Mit etwas kochendem Salzwasser in einem Topf etwa 15 Minuten dünsten.

Die Knoblauchzehen schälen und fein hacken. Die Chilischote waschen, längs halbieren, von Samen und Trennwänden befreien und in feine Scheiben schneiden. Die gedünsteten Brokkoliröschen zusammen mit Knoblauch und Chili in einer Pfanne in heißem Olivenöl schwenken.

Kurz vor dem Servieren können Sie noch ein bisschen Zitronensaft darüberträufeln.

Cime di Rapa kann als Vorspeise oder Beilage gegessen werden. Orecchiette con Cime di Rapa, also mit ohrenähnlich geformten Nudeln, ist ein typisches Gericht aus Süditalien und schmeckt ebenfalls sehr gut.

# ZUCCHINI *mit Basilikum*

**Für 4 Personen**

**500 g kleine Zucchini • 1 weiße Zwiebel • 1 Hand voll Basilikum • 2 EL bestes Olivenöl • Salz • Pfeffer aus der Mühle**

Die Zucchini waschen und in Scheiben oder Würfel schneiden. Die Zwiebel schälen und würfeln. Beides mit frischem Basilikum in einer Pfanne in Olivenöl andünsten und mit Salz und Pfeffer abschmecken. Bei geschlossenem Deckel weitere 10 Minuten garen lassen – eine wunderbare Beilage. [ohne Abb.]

# KALTER SPINAT *con olio e balsamico*

**Für 2 Personen**

**300 g Spinat • 4 EL bestes Olivenöl • 2 EL Balsamico-Essig • Salz • Pfeffer aus der Mühle**

In Italien wird Spinat auch kalt gegessen. Den Spinat nach dem Waschen nur kurz blanchieren und Olivenöl und guten Balsamico-Essig bzw. Weiß- oder Rotweinessig darüberträufeln. Mit Salz und Pfeffer abschmecken. [ohne Abb.]

*Im Gemüsegarten*

## Kochen mit Stil

Neben Pizza und Pasta, die meine Gäste anfangs verlangten, bot ich Neues: frische Zutaten wie knackiges Gemüse, selbstgemachte Nudeln und von Montag bis Freitag frischen Fisch. Und die »Cucina alla Daniela« kam an. Bald nutzte ich den Steinofen nicht mehr für Pizza (die ich nach wie vor liebe!), sondern für frisch gebackenes Brot.

Damals war es auch ungewöhnlich, dass die Kellner lange Schürzen mit einem gestickten Signet der Trattoria trugen. Ich achtete von Anfang an auf die Qualität meiner Tischwäsche und darauf, dass die Servietten aus Stoff waren. Mancher Kollege belächelte mich deshalb – und kopierte es später, weil den Gästen mein Stil gefiel.

Vor einigen Jahren gestaltete ich die Trattoria ganz neu. Das Niveau der Küche und das Ambiente müssen einfach stimmig sein. Die Wände erhielten Fresken, inspiriert durch die, die ich in einer Kirche im Friaul entdeckt hatte. Die Terrasse bekam mediterranen Flair und die Küche eine Fensterfront zum Gastraum, damit mir die Gäste beim Kochen über die Schulter schauen können.

Ich habe mich nie mit den großen Kochstars verglichen, die mit viel Personal und großer Küche am Start sind. Auszeichnungen waren nie mein Antrieb. Trotzdem freut es mich, dass mein Weg nicht nur von meinen zahlreichen Gästen über die Jahre bestätigt, sondern auch von der Fachwelt anerkannt wurde. Die Qualität der Produkte und Zutaten steht an erster Stelle. Ich probiere und teste beim Einkauf und in der Küche. Dann erst setze ich ein neues Gericht auf die Tafel. Beim ersten Gast, der es bestellt, beobachte ich dann ganz genau, ob es ihm schmeckt, bevor ich ihn direkt anspreche und befrage.

# KARTOFFELSPALTEN
## *mit Rosmarin*

**Für 4 Personen als Beilage**

**300–400 g festkochende Kartoffeln • 1–2 Zweige Rosmarin • 100 ml Olivenöl • Salz • Pfeffer aus der Mühle**

Die Kartoffeln schälen und in Spalten schneiden. 10 Minuten in Salzwasser vorkochen.

Den frischen Rosmarin waschen und die Blätter abzupfen und klein hacken.

Die Kartoffeln abgießen und in eine ofenfeste Form oder auf ein Backblech legen. Mit Rosmarin bestreuen und das Olivenöl darüberträufeln. Die Kartoffeln mit Salz und Pfeffer würzen und im auf 200°C vorgeheizten Ofen etwa 15–20 Minuten goldgelb backen.

# KLEINE KARTOFFELN
## *in Olivenöl gebraten*

**Für 4 Personen als Beilage**

**300 g kleine Kartoffeln • 300 ml Olivenöl • 1 Zweig Rosmarin • 1 Knoblauchzehe • Salz • Pfeffer aus der Mühle**

Mit kleinen Kartoffeln meine ich wirklich die ganz, ganz kleinen, die man mit der Schale essen kann.

Die Kartoffeln waschen und mit Olivenöl, frischem Rosmarin und einer ungeschälten Knoblauchzehe in einem Topf bei geschlossenem Deckel und mittlerer Temperatur 15 Minuten braten. Mit Salz und Pfeffer würzen. Sie schmecken ganz wunderbar zu allen Fleischgerichten. [ohne Abb.]

# KÄSE

»Ich liebe Käse! Und die Käseauswahl in Italien ist enorm. Ich entdecke
immer wieder einen neuen Geschmack.«

# EIN KÄSETELLER *nach meinem Geschmack*

Richten Sie die verschiedenen Käse im Uhrzeigersinn an oder servieren Sie sie einzeln. Die Weinempfehlung bezieht sich jeweils auf den einzelnen Käse, bei einer Auswahl rate ich Ihnen zu einem vielseitigen Rotwein, z. B. einem Brunello.

**Cravanzina aus dem Piemont** • Ein halbfester Käse aus Kuh- oder Schafsmilch, zu dem ich gerne Feigensenf reiche.

*Mein Weintipp* • **Chianti**

**Bosina aus dem Piemont** • Ein Weichkäse aus Kuh- oder Schafsmilch mit Charakter. Dazu passt eine Traubenmostkonfitüre.

*Mein Weintipp* • **Barbaresco**

**Vera Pratulina aus dem Piemont** • Ein sehr milder und aromatischer Weichkäse in Fladenform aus Kuh-, Schafs- und Ziegenmilch. Auch dazu reiche ich gerne Feigensenf.

*Mein Weintipp* • **Barbera**

**Rocchetta aus dem Piemont** • Ein halbfester Käse aus Ziegen-, Kuh- und Schafsmilch mit besonderem Geschmack, zu dem Weingelee hervorragend passt.

*Mein Weintipp* • **Dolcetto D'Alba**

**1 Jahr gereifter Montasio aus dem Friaul (in 2 Reifestufen)** • Ein Käse aus Kuhmilch, den ich gerne mit Gelee aus Picolit, einem hervorragenden friulanischen Dessertwein, kombiniere.

*Mein Weintipp* • **spritziger Chardonnay oder Merlot**

**4 Monate gereifter Pecorino aus der Toskana** • Ein Hartkäse aus Schafsmilch, zu dem ich einen würzigen Honig, zum Beispiel Miele di Corbezzolo, reiche.

*Mein Weintipp* • **San Giovese**

# GEGRILLTER SCAMORZA

Für 4 Personen

**2 Kugeln frischer oder geräucherter Scarmorza • 3 EL bestes Olivenöl • 2 Bund Rucola oder 4 reife Tomaten (nach Belieben) • Salz • Pfeffer aus der Mühle**

Den Käse in Scheiben schneiden, mit Olivenöl beträufeln und unter dem Ofengrill bei 220°C grillen, bis er weich und knusprig ist. Rucola oder geviertelte Tomaten mit Salz und Pfeffer würzen, auf Tellern anrichten und den Käse darauf noch warm servieren. [ohne Abb.]

# PARMESAN-HIPPEN

Für 4–6 Stück

**300 g geriebener Parmesan**

Eine kleine beschichtete Pfanne (15 cm Durchmesser) erhitzen und den Boden gleichmäßig mit Parmesan bestreuen. Ganz kurz schmelzen lassen, mit einem Spachtel vom Rand lösen und sofort über eine kalte Form (z. B. ein Glas) stürzen.

Nach 2 Minuten ist die erste Hippe abgekühlt und kann zur Seite gestellt werden.

Den gesamten Parmesan auf diese Weise verarbeiten.

Nach Belieben in der Pfanne mit rosa Pfeffer oder gehacktem Rucola bestreuen.

# FRICCO

**Für 4 Personen**

**400 g Montasio, 3 Monate gereift • 150 g gekochte Kartoffeln • 50 g geriebener Montasio oder Parmesan**

Den Montasio in Scheiben schneiden und mit der Hälfte der Scheiben eine beschichtete Pfanne auslegen.

Die gekochten Kartoffeln zerstampfen und auf den Käsescheiben verteilen. Den geriebenen Käse darüberstreuen und mit den restlichen Käsescheiben belegen. Es dürfen keine Lücken zwischen den Käsescheiben sein.

Den Käse bei reduzierter Hitze schmelzen lassen. Prüfen, ob er schon an der Unterseite knusprig wird. Mit Hilfe eines Tellers wenden und die andere Seite knusprig braten. Nach Belieben Pfeffer aus der Mühle dazu reichen.

*Mein Weintipp* • **Merlot oder trockener Spumante**

# DESSERT

»Mit den Nachspeisen konnte ich früher
meine Brüder bestechen. Wollte ich
eine bestimmte Sendung im Fernsehen
anschauen, kredenzte ich ihnen ein
schönes Dessert und sie verzichteten
dafür auf ihr Programm.«

# TUTTI FRUTTI

**Für 8 kleine Portionsringe**

**100 g Mandeln • 100 g Butterkekse • 100 g Amarettini • 150 g weiche Butter • 1 Schuss Likör, z. B. Maraschino, Himbeergeist oder Kirschwasser • etwas Butter und Semmelbrösel für die Förmchen • 500 g Ricotta • 100 g Zucker • 1–2 aufgeschlitzte Vanilleschoten • 6 Blatt Gelatine, 1 Blatt zusätzlich für die Beeren • 300 g Sahne • 750 g frische Beeren, z. B. Himbeeren, Brombeeren, Heidelbeeren oder Walderdbeeren**

Die Mandeln in kochendem Wasser einweichen, bis sich die Häute lösen. Etwas abkühlen lassen und die Kerne aus ihrer Haut drücken. Die Butterkekse und Amarettini zerbröseln und mit den Mandeln im Mixer sehr fein zerkleinern. Die Butter und den Likör dazugeben. 8 Portionsringe auf eine Platte stellen, mit Butter einfetten und mit Semmelbröseln ausstreuen. Den Teig so in die Ringe füllen, dass der Boden bedeckt ist und sich ein Rand bildet. Im Kühlschrank kalt stellen. Den Ricotta durch ein Sieb geben. 100 ml Wasser mit Zucker und den Vanilleschoten 4–5 Minuten kochen. Die Gelatine in dem heißen, aber nicht mehr kochenden Wasser auflösen. Etwas abkühlen lassen und vorsichtig mit dem Ricotta vermischen. Alles durch ein Sieb passieren und die Vanilleschoten entfernen. Währenddessen die Sahne schlagen und sie, sobald die Creme geliert, unterheben. In die Portionsringe füllen. Über Nacht im Kühlschrank fest werden lassen.

Am nächsten Tag frische Beeren waschen und auf die Ricottacreme setzen. 1 Blatt Gelatine in 3 EL warmem Wasser auflösen und mit einem Pinsel die Beeren bestreichen, damit sie schön glänzen. Zum Servieren die Portionsringe entfernen.

Tutti Frutti kann man auch als Kuchen in der Springform zubereiten und zum Servieren in Stücke schneiden. [Abb. S. 134 | 135]

*Mein Weintipp* • **Moscato oder Prosecco**

# CANNOLI *mit Ricotta*

**Für 6 Personen**

**250 g Mehl • 30 g Schmalz • 50 g Zucker • 75 ml Marsala • 2 Eigelb • 1 Prise Salz • 500 ml Öl zum Frittieren • 1 unbehandelte Zitrone oder Orange • 500 g Ricotta • 150 g Puderzucker • 200 g geraspelte Schokolade (nach Belieben)**

Mehl, Schmalz, Zucker, Marsala, Eigelbe und Salz zu einem Teig verarbeiten und einige Stunden ruhen lassen. Den Teig ausrollen und in 7 x 7 cm große Quadrate schneiden. Mit den Quadraten entweder kleine, ausgefettete Förmchen auslegen oder den Boden von Tassen bedecken. Förmchen bzw. Tassen zum Trocknen einen halben Tag zur Seite stellen. Dann den Teig vorsichtig ablösen und in heißem Öl kurz frittieren. Für die Füllung die Orange oder die Zitrone gründlich mit heißem Wasser waschen, die Schale mit dem Sparschäler sehr dünn abschälen und in Stückchen schneiden. Ricotta, Puderzucker und Zitrusfruchtschale vermischen und in die abgekühlten Teigformen füllen. Statt der Zitrusfruchtschale können Sie auch geraspelte Schokolade verwenden. Achten Sie darauf, die Cannoli erst kurz vor dem Servieren zu füllen!

# SÜPPCHEN AUS GRÜNEM TEE
## mit Mascarpone-Nocken

**Für 4–6 Personen**

**500 g Sahne** • **2 EL grüner Tee (Pulver)** • **2 EL grüner Tee (Blätter)** • **500 g Mascarpone** • **50 g Puderzucker** • **1 EL Kaffeepulver** • **8–12 frische Erdbeeren zum Dekorieren (nach Belieben)**

Für diesen erfrischenden Nachtisch für Eilige die Sahne mit dem Teepulver und den Teeblättern auf etwa 60 °C erwärmen. Abkühlen lassen und durch ein Sieb passieren.

Den Mascarpone mit Puderzucker und Kaffeepulver vermischen und ebenfalls durch ein Sieb streichen.

Die Teesahne in kleine, tiefe Teller geben und Mascarpone-Nocken hineinsetzen. Man kann sie mit frischen Erdbeeren garnieren.

# MEINE SORBET-VARIATIONEN

**Jeweils für 4 Personen**

## Grüner-Apfel-Sorbet

**400 ml fertiges Zitronensorbet, am besten italienisches • 2 grüne Äpfel, am besten frische Granny Smith • Saft von ½ Zitrone • 400 ml Calvados • ein paar Blätter frische Minze zur Dekoration**

Die Äpfel waschen, vierteln und entkernen, nicht schälen. Ein paar hauchdünne Apfelspalten mit Zitronensaft beträufeln und beiseite legen. Den Rest mixen und mit Eis und Calvados pürieren. Das Sorbet in Gläser füllen und mit den Apfelspalten und Minzblättern garnieren.

## Grappa-Sorbet

**400 ml fertiges Zitronensorbet, am besten italienisches • 400 ml guter Grappa • 14 Blätter ganz junger Salbei**

Den Salbei waschen und 6 Blätter sehr klein hacken. Das Zitronensorbet mit Grappa und dem Salbei vermischen und in Gläser füllen. Mit den restlichen Salbeiblättern verzieren.

## Beeren-Sorbet

**400 ml fertiges Zitronensorbet, am besten italienisches • 250 g frische oder tiefgekühlte Himbeeren oder Waldbeeren • ein paar Blätter frische Minze oder ganze Beeren zur Dekoration**

Die Beeren im Mixer pürieren und mit dem Zitronensorbet vermischen. In Gläser füllen und mit Minzblättern oder ganzen Beeren verzieren.

Sie können auf diese Art mit allen reifen Früchten ein Sorbet zubereiten – probieren Sie es mal mit Melonen, Pfirsichen, Ananas, Birnen oder Ihrem Lieblingsobst!

# ASPIC DI FRAGOLE *al Moscato*

**Für 4 Personen**

**500 g Erdbeeren • 2 Batt Gelatine • 160 ml Moscato • 75 g Zucker • 1 EL Minzblätter**

Die Erdbeeren waschen, putzen und klein schneiden. Die Gelatine nach Packungsanleitung in kaltem Wasser quellen lassen. Währenddessen den Moscato mit dem Zucker aufkochen, vom Herd nehmen und die ausgedrückte Gelatine einrühren. Etwas abkühlen lassen. Die Minzblätter von den Blattadern befreien und in sehr feine Streifen schneiden.

Eine Schicht Moscatomasse in eine Form füllen, einige Minzstreifen darüberstreuen und im Kühlschrank ganz auskühlen und fest werden lassen. Dann eine Schicht kleingeschnittene Erdbeeren darauflegen. So mit der ganzen Moscatomasse verfahren. Nach der letzten Schicht das Aspic 6 Stunden im Kühlschrank fest werden lassen und dann servieren.

Zu dem Aspic passt auch eine Vanillesauce.

# ANANASCREME *auf Karamellsauce*

**Für 4 Personen**

**200 g frische reife Ananas** • **175 g Sahne** • **4 Blatt Gelatine** • **75 g Puderzucker**
• **1–2 EL Cointreau**
**Für die Karamellsauce: 125 g Zucker** • **3 EL Wasser** • **150 g Sahne**

Die Sahne steif schlagen. Die Gelatine nach Packungsanweisung in kaltem Wasser einweichen Die Ananas schälen, den Strunk entfernen und das Fruchtfleisch in kleinere Stücke teilen. Pürieren und mit dem Puderzucker vermischen.

Die weiche Gelatine aus dem Wasser nehmen, ausdrücken und mit Cointreau erhitzen, bis sie sich aufgelöst hat. Nach und nach die pürierte Ananas einrühren. Durch den Alkohol verbinden sich Ananas und Gelatine. Vorsichtig die geschlagene Sahne unterheben, in kleine Formen füllen und für mindestens 6 Stunden in den Kühlschrank stellen.

Für die Karamellsauce in einem Topf den Zucker mit dem Wasser langsam bei niedriger Temperatur honiggelb werden lassen. Vorsichtig die Sahne untermischen, die Temperatur heraufschalten und etwa 2–3 Minuten kochen lassen. Zum Abkühlen auf die Teller verteilen. Die nun feste Ananascreme vorsichtig auf die abgekühlte Karamellsauce stürzen und servieren.

# LATTE IN PIEDI

**Für 4 Personen**

**1 Blatt Gelatine • 100 ml Milch • 40g Rosinen • 200 g Sahne • 40 g Zucker**
**Für den Karamell: 125 g Zucker • 3 EL Wasser**
**Für die Sauce: 2 Eier • 80 g Zucker • 80 g Zartbitter-kuvertüre • 200 ml Milch • 200 g Sahne • ½ aufgeschlitzte Vanilleschote • 40 g echter Kakao**

Die Gelatine nach Packungsanweisung in kaltem Wasser quellen lassen. Die Milch aufkochen, vom Herd nehmen und die Gelatine darin auflösen. Mit Rosinen vermischen und abkühlen lassen.

Die Sahne mit dem Zucker schlagen und unter die fest werdende Milchmasse heben.

In der Pfanne den Zucker mit dem Wasser zu Karamell schmelzen lassen und so in kleine Förmchen gießen, dass der Boden gut bedeckt ist. Darauf die Milchmasse in die Förmchen füllen und über Nacht im Kühlschrank fest werden lassen.

Für die Sauce die Eier mit dem Zucker schaumig schlagen. Die Kuvertüre in sehr kleine Stücke teilen. Milch, Sahne und die Vanilleschote vorsichtig erhitzen – nicht kochen lassen. Die Eier-Zucker-Mischung zur warmen Milch geben und auf max. 85 °C erwärmen. Vom Herd nehmen und Kuvertüre und Kakao einrühren.

Die Sauce auf Dessertteller verteilen und die Förmchen daraufstürzen.

*Mit Frate und Filippo, 2004*

»Ich freue mich über alles, was ich erreicht habe. Doch ich ruhe mich nicht darauf aus. Ich gebe mich nie zufrieden mit dem einmal Erreichten, habe immer neue Ideen.«

## La Famiglia

Meine Trattoria Romagnola ist und bleibt ein Familienbetrieb. Von Anfang an gehörte »Frate« dazu, er ist die gute Seele der Trattoria. Er war tatsächlich mal im Kloster, ist der schnellste Tellerwäscher, den ich kenne, und ersetzt mir mit seinen Geschichten die tägliche Zeitung.

Eines Tages kam auch Camillo in die Trattoria – als Musiker, den ich für besondere Anlässe gebucht hatte. Irgendwann kam er auch privat zum Essen, immer wieder, beharrlich und mit Blumen. Ja und dann, vor 12 Jahren hat es tatsächlich gefunkt. Der vagabundierende Künstler und Schauspieler wollte mich heiraten, für mich sesshaft werden. Mein Glück war perfekt, als ich sah, dass sich auch Camillo und Filippo verstanden und gegenseitig akzeptierten. Camillo leitet heute den Service, greift aber zur Freude der Gäste hin und wieder auch noch zur Gitarre.

Beim Kochen bekomme ich inzwischen Unterstützung von Filippo. Auch ihm liegt das Kochen einfach im Blut. Er ist ja sozusagen in der Küche großgeworden! Gemütlich habe ich es ihm nicht gemacht, als er nach seiner Ausbildungszeit im Hotel zu mir wechselte. Aber ich wäre natürlich einmal sehr stolz, wenn er mein Lebenswerk fortsetzen und die Trattoria weiterführen würde!

# SAVARIN MIT SCHOKOLADE
## *auf Safransauce*

**Für 6 Personen**

**60 g Zartbitterschokolade mit mindestens 70% Kakaoanteil • 60 g Butter • 3 Eier • 125 g Zucker • 60 g Mehl
Für die Safransauce: 350 g Sahne • 1 aufgeschlitzte Vanilleschote • 1 Messerspitze gemahlener Safran • 3 Eigelb
• 100 g Zucker
Zum Garnieren: etwa 20 Erdbeeren • etwas Fleur de Sel • Minzblätter**

Die Schokolade mit der Butter im Wasserbad schmelzen.

Währenddessen die Eier trennen und das Eigelb mit dem Zucker und dem Mehl schaumig schlagen. Die geschmolzene Schokoladenbutter daruntermischen. Die Eiweiße steifschlagen und vorsichtig unterheben.

Den Teig in Savarinformen – sie sehen aus wie kleine Gugelhupfformen – oder andere ofenfeste Förmchen füllen. Im auf 200°C vorgeheizten Ofen 7–9 Minuten backen.

Inzwischen für die Sauce die Sahne mit der Vanilleschote und dem Safran auf max. 85°C erwärmen. Die Eigelbe mit dem Zucker schaumig schlagen und vorsichtig in die Sahne einrühren.

Die Sauce auf Dessertteller verteilen und den Savarin daraufstürzen. Mit Erdbeerspalten, frischen Minzblättchen und Fleur de Sel garnieren.

# Meine Menü-Vorschläge

**Frühlingsmenü** • Scampi auf Saubohnenpüree • Spargel- oder Kräuterrisotto • Kalbsröllchen mit Mozzarella • Aspic di Fragole

**Sommermenü** • Zucchiniblüten mit Ricottafüllung • Spaghetti mit Pesto • Rinderfilet auf Rucola • Tutti Frutti

**Herbstmenü** • Steinpilz-Carpaccio mit Montasio und Rucola • Kürbisgnocchi • Kalbs-Ossobucco • Ananascreme mit Karamellsauce

**Wintermenü** • Gegrillter Radicchio Trevisano Tardivo • Spaghetti mit Salsiccia • Lammkrone mit Kruste gratiniert • Latte in Piedi

**Menü für Eilige** • Fenchelsalat mit Möhren • Spaghetti Chitarra ligurische Art • Lammfilet mit Senfkruste • Käseteller

**Vegetarisches Menü** • Antipasti di Verdura (Gemischte Gemüse-Antipasti) • Focaccia mit Kirschtomaten oder Oliven • Bohnen-suppe oder Grüne Spargelsuppe (ohne Geflügelbrust) • Fricco • Savarin mit Schokolade auf Safransauce

**Menü mit Fisch** • Insalata di Pesce • Risotto mit Steinbeißer und Safran • Gratinierter Seeteufel mit Tomaten • Süppchen aus grü-nem Tee mit Mascarpone-Nocken

**Festessen mittags** • Rucola mit Borlotti-Bohnen und Zwiebeln • Vitello Tonnato • Lasagne mit Auberginen • Risotto mit Radicchio • Kaninchen, ligurische Art • Peperonata • Cannoli mit Ricotta

**Festessen abends** • Polentina mit geschmolzenem Montasio und Ricotta • Kürbis- oder Tomatensuppe • Wirsingflan • Fettuccine mit Steinpilzen oder Pfifferlingen • Brasato vom Rind, als Beilage Polenta und gratinierter Fenchel • Latte in Piedi

**Festessen mit Fisch** • Insalata di Pesce • Fettuccine mit Lauch, Garnelen und rohem Schinken • Cialcions mit Spinat und Rosinen gefüllt auf Rucolasauce • Wolfsbarsch nach Art der Trattoria Romagnola • Aspic di Fragole al Moscato

**Italienisches Buffet** •

*Antipasti* Lardo di Colonnata • Parmesankäsepaste aus geriebenem Parmesan mit ein paar Tropfen Olivenöl, Balsamico und Brandy • Verschiedene Sorten von Bruschette • Grissini • Pizzabrot • Focaccia mit Oliven • Focaccia mit Kirschtomaten • Stangen-weißbrot

*Kalte Gerichte* Insalata di Pesce • Vitello Tonnato • Steinpilz-Carpaccio mit Montasio und Rucola • Kalte Tomaten-Gurken-Suppe • Kartoffel-Selleriesalat • Fenchelsalat mit Möhren • Antipasti • Panzanella • Insalata di Pasta

*Warme Gerichte* Rigatoni al Forno mit Polpettine • Pollo con Patate • Schweinefilet mit Auberginen und Mozzarella • Rinderfilet auf Rucola

*Dessert* Frisches Obst • Aspic di Fragole al Moscato • Tutti Frutti • Cannoli mit Ricotta

*Käse*

# WARENKUNDE

**Aceto Balsamico** • Dieser Essig wird traditionell aus dem Most weißer Trebbiano-Trauben hergestellt. Der Most wird gekocht, bis er eingedickt ist, und reift anschließend mindestens fünf Jahre in dicken Holzfässern. Dabei entsteht seine dunkle Farbe. Der Balsamico-Essig, der »Aceto Balsamico di Modena Tradizionale« heißt, ist 20 Jahre alt und wird wie der Parmesan oft imitiert. Er passt gut zu Salat, Gemüse, Meeresfrüchten und Fisch und zu Carpaccio.

**Bohnen** • In Italien sind zwei Sorten getrocknete Bohnen besonders beliebt, die Cannellini-Bohnen, die klein und weiß sind, und die gesprenkelten, gestreiften Borlotti-Bohnen.

**Borretane-Zwiebeln** • eine kleine, flache wohlschmeckende Zwiebelsorte, die man in Italien geschält und küchenfertig kaufen kann. In Balsamico-Essig eingelegt schmeckt sie besonders gut (siehe Rezept Balsamico-Zwiebeln). Viele gute Fachgeschäfte in Deutschland bieten die Cipolline borretane im Glas an.

**Cime di Rapa** • Wildbrokkoli oder Rübsen, ein sehr beliebtes Gemüse in Süditalien, wo es mittlerweile auch kultiviert wird. Man bekommt es in gutsortierten Gemüsegeschäften. Sie können ihn durch gewöhnlichen Brokkoli ersetzen. Achten Sie bei Cime di Rapa darauf, dass die Blätter grün und überall kleine Brokkoli-Spitzen zu sehen sind. Gelbe Blätter entfernen. Innerhalb von 3–4 Tagen verwenden. Wie Mangold und Spinat in Salzwasser blanchieren und mit Eiswasser abschrecken. Cime di Rapa eignet sich als Vorspeise, Gemüse und Beilage.

**Fenchelsamen** • Der getrocknete Samen von wildem Fenchel schmeckt mild nach Anis. Ich finde die sizilianischen Fenchelsamen am besten! Da der Geschmack einzigartig ist, können Sie ihn durch kein anderes Gewürz ersetzen und müssen ihn in den entsprechenden Rezepten ganz weglassen.

**Fisch** • Wie bei allen Zutaten achte ich sehr darauf, dass der Fisch wirklich fangfrisch ist. In meiner Trattoria gibt es samstags keine Fischgerichte, weil am Wochenende kein Frischfisch verkauft wird.

**Fleischbrühe** • Für etwa 1 l Brühe 1,5 kg Fleisch (außer Schweinefleisch eignet sich jede Sorte, z.B. Hühnerkarkasse oder Kalbs- und Rinderknochen) mit 3 l Wasser langsam zum Kochen bringen. 4–5 Stunden köcheln lassen, gelegentlich den Schaum von den Oberfläche abschöpfen. Nach der Hälfte der Garzeit 3 kleingeschnittene Stangen Lauch, 2 kleingeschnittene Möhren, 2 kleingeschnittene Stangen Sellerie, etwas Thymian, Majoran und Petersllie, 1 frisches Lorbeerblatt, 6 schwarze Pfefferkörner, 1 Eiweiß, etwas Olivenöl und 1 Prise Salz einrühren. Nach 4–5 Stunden mit Salz und Pfeffer abschmecken. Durch ein Sieb abschütten, abkühlen lassen, Fett von der Oberfläche entfernen und im Kühlschrank aufbewahren.

**Fond** • Ich mache meine Fonds grundsätzlich selber. Für die alltägliche Küche werden Sie den Fond bestimmt aus dem Glas nehmen, aber vielleicht haben Sie einmal Lust und Zeit, ihn selbst herzustellen: 2 Möhren, 2 Zwiebeln, 2 Stangen Sellerie, 2 Stangen Lauch jeweils in grobe Stücke schneiden und mit 500 g Knochen (Kalbs- oder Rinderknochen) in eine ofenfeste Form legen. Petersilie, Rosmarin, 5 EL Olivenöl, 1 frisches Lorbeerblatt und 6 schwarze Pfefferkörner darüberstreuen

und im Ofen bei hoher Temperatur unter mehrmaligem Rühren dunkel anrösten. Mit 3 l kaltem Wasser und eventuell etwas Sherry oder Weißwein ablöschen und in einem Topf bei niedriger Temperatur für mindestens 5 weitere Stunden köcheln lassen. Mit Salz und Pfeffer abschmecken, durch ein Sieb gießen, abkühlen lassen und im Kühlschrank aufbewahren. Ergibt etwa 1,5 l.

**Friaul** • So heißt die Region im äußersten Nordosten Italiens. Sie liegt an der Adria und grenzt im Osten an Slowenien, im Norden an Kärnten und im Westen an Venetien, Hauptstadt ist Triest. Das Friaul ist meine Heimat, ich komme aus der Nähe von Udine. Meine Mutter hat mir die Gerichte von dort beigebracht. Sehr viele Rezepte in diesem Buch sind typisch friulanisch. Die Küche ist sehr deftig und nahrhaft, Polenta spielt eine große Rolle.

**Gemüsebrühe** • Für etwa 1,2 l Brühe 2,5 l Wasser mit 3 kleingeschnittenen Stangen Lauch, 2 kleingeschnittenen Möhren, 2 kleingeschnittenen Stangen Sellerie, etwas Thymian, Majoran und Petersilie, 1 frischen Lorbeerblatt, 6 schwarzen Pfefferkörnern, 1 Eiweiß, etwas Olivenöl und 1 Prise Salz zum Kochen bringen. 1 Stunde köcheln lassen, dabei gelegentlich den Schaum abschöpfen. Vorsichtig durch ein Sieb abgießen, den letzten Rest, der vom Bodensatz dunkel und trübe ist, wegschütten. Mit Salz und Pfeffer abschmecken und abkühlen lassen. Im Kühlschrank aufbewahren.

*»In meinem Heimatdorf Valle gab es eine Molkerei, die mich schon im Alter von sechs Jahren magisch angezogen hat. Ich fand die Käseherstellung – mit dem riesigen Kupferkessel und dem Herausfischen der fertigen Käse mit der Hand – so spannend, dass ich nach der Schule immer dort hingelaufen bin, um vor Ladenschluss noch zuschauen zu können. Manchmal habe ich sogar, wenn meine Patentante Maria und meine Tante Justina Käsetag hatten, die Schule geschwänzt, um mithelfen zu können. Der Käsetag entstand durch eine Kooperation bei uns im Dorf. Die anderen hatten die Kühe und wir hatten den Bullen, der die Kühe gedeckt hat. Dadurch haben wir uns noch zusätzlich Geld verdient, vor allem, als mein Vater schon in Deutschland war. Heute haben sich mehrere kleine Molkereien zusammengeschlossen und die Marke Montasio geschützt.«*

**Käse** • Es gibt unzählige Käsesorten, von denen ich hier nur eine Auswahl vorstelle. **Fontina** • Weichkäse aus Kuhmilch aus der Valtellina mit würzigem Geschmack, der sich sehr gut zum Überbacken eignet. **Grana Padano** • Dieser in Geschmack und Verwendung dem Parmesan ähnliche Hartkäse kommt aus der Po-Ebene. **Mascarpone** • ein italienischer Frischkäse, der vielfältig verwendet werden kann. **Montasio** • einer der wohlschmeckendsten italienischen Kuhmilchkäse, den es in drei Alterungsstufen gibt: jung, mittelalt, reif. Als Ersatz bieten sich andere Kuhmilchkäse aus Norditalien an, z. B. Asiago und Fontina. **Mozzarella** • Am besten schmeckt der Büffelmozzarella aus Kampanien. Sie können stattdessen auch Kuhmozzarella nehmen. Er sollte in jedem Fall sehr frisch, weich und elastisch sein. **Parmesan** • ein harter Vollmilch-Käse, der mindestens ein, meistens zwei bis drei Jahre reift. Schon seit dem Jahr 1477 wird

Parmesan hergestellt. Heute wird der echte Parmigiano-Reggiano in mehreren Provinzen in Oberitalien produziert. Er ist sehr gesund, da er wenig Cholesterin hat. Reiben oder hobeln Sie ihn frisch über das Gericht, so kommt sein Aroma am besten zur Geltung. Parmesan lässt sich gut in Klarsichtfolie im Kühlschrank aufbewahren. **Pecorino** • Schafskäse (von »peco« = Schaf) mit kräftigem, etwas salzigem und strengem Geschmack, der ähnlich wie Parmesan verwendet wird. Jede Region hat ihre eigene typische Geschmacksvariante. Es gibt ihn als jungen und alten Käse, entsprechend ist er weich oder hart.
**Räucherricotta** • ein im Friaul häufig verwendeter Hartkäse. Man erhält ihn in Deutschland in gut sortierten Käseläden. Wenn Sie ihn nicht bekommen, lassen Sie ihn bei den Rezepten einfach weg oder nehmen Sie einen anderen harten Käse. **Ricotta** • ursprünglich ein Nebenprodukt aus der bei der Herstellung von Pecorino entstehenden Molke. Er ist relativ trocken und sehr mild. Der beste Ricotta ist eindeutig der Büffelricotta!

**Knoblauch** • Dieser würzige, sehr gesunde Vertreter der Zwiebelfamilie sollte immer frisch verwendet werden. Ich nehme gerne eine französische Sorte, bei der die einzelnen Zehen dicker sind und sich schnell schälen lassen.

**Kräuter** • Die italienische Küche braucht frische Kräuter! Pflanzen Sie Basilikum, Rosmarin, Salbei, Thymian und Lorbeer in Töpfe für den Garten, den Balkon oder die Fensterbank. Nur Oregano verwende ich als getrocknetes Gewürz.

**Lardo di Colonnata** • weißer Speck, in Italien auch »weißer Schinken« genannt. Er wird zum Reifen fast ein Jahr zusammen mit speziellen Gewürzen in Marmorgefäße, die »conche«, gepresst. Achten Sie darauf, echten Lardo di Colonnata zu bekommen, der förmlich auf der Zunge zergeht. Er eignet sich zum Bratenspicken oder Anreichern von Saucen und kann durch anderen weißen Speck ersetzt werden – der aber deutlich anders schmeckt.

**Mehl** • Für Brot benutze ich das ganz normale glatte Weizenmehl, also Type 405. Für Pasta verwende ich ein deutlich körnigeres Mehl, Type 00.

**Oliven** • Die »Olive taggiasche« sind kleine schwarze, besonders köstliche Oliven, meist aus Ligurien. In Feinkostläden bekommt man sie schon entkernt und im eigenen, ausgesprochen köstlichen Öl eingelegt. Das Öl verwende ich für mein Pesto, denn es überdeckt das Basilikum nicht, sondern ordnet sich den anderen Aromen unter.

**Olivenöl** • Ich verwende ausschließlich italienische Olivenöle. Meist erkennt man ein gutes Olivenöl an seinem Preis, der die kontrollierte und intensive Arbeit von Hand, den Anbau, die Ernte, die Verarbeitung widerspiegelt. Es gibt viele unterschiedliche Sorten, von denen ich drei verwende: toskanisches, ligurisches und sizilianisches Öl. Das sizilianische Öl ist sehr kräftig im Geschmack. Ich nehme es meistens für Fisch. Das leichtere ligurische Öl verwende ich für Salate, da sie meist wie Rucola einen kräftigen Eigengeschmack haben. Das toskanische Öl träufle ich vor dem Servieren über die Nudeln.

**Passatelli** • Sie ähneln Spätzle und werden durch eine Nudelpresse gedrückt. Ich gebe sie in eine leichte Suppe auf der Basis von guter Brühe, am besten einer Hühnerbrühe.

**Pasta** • Meine Pasta ist natürlich selbst hergestellt. Ich koche jede Portion Pasta à la minute und immer frisch. Für gekaufte Pasta gilt: Gute Qualität hat ihren Preis, sparen Sie nicht daran. Wenn Sie getrocknete Pasta verwenden, sollten Sie kein Öl ins Salzwasser geben und sie nicht mit kaltem Wasser abschrecken.

**Peperoncino** • kleine Chilischote, die wie jedes Gemüse frisch am besten ist und für die nötige Schärfe sorgt. Die Peperoncini sind im Supermarkt oder Asia-Laden zu bekommen. Rechnen Sie eine Schote für zwei Personen – und kaufen Sie lieber keine thailändischen, weil die manchmal unberechenbar scharf sind. Wenn Sie die Schoten nicht im Ganzen mitkochen, sollten Sie die sehr scharfen Samen und Trennhäute entfernen.

**Pfeffer** • Ich verwende in meiner Küche ausschließlich frisch gemahlenen, schwarzen, weißen und bunten Pfeffer. Weißer Pfeffer eignet sich für leichte Aromen und Fischgerichte, schwarzer für Fleischgerichte.

**Pflanzenöl** • eignet sich zum Frittieren und Grillen, damit das Grillgut nicht am Grill kleben bleibt. Ich benutze Mais- oder Sonnenblumenöl.

**Polenta** • Polentagrieß aus Mais gibt es in Deutschland in jedem Supermarkt. Sie können auch das gröbere Grießmehl verwenden.

Polenta eignet sich sehr gut als Beilage, besonders zu Pilzen, Montasio-Käse und zum Grillen im Sommer.

**Risotto** • Klassische Reissorten, die auch hierzulande gut erhältlich sind, sind Carnaroli, Arborio und Vialone Nano. Letzterer gehört zu der Kategorie »semifino«, d.h. er hat mittellange Körner, die beiden anderen Sorten sind gebräuchlicher, sie sind »superfino«, haben also die größten Körner und bewahren deshalb ihre Bissfestigkeit lange.

**Safran** • passt sehr gut zu Risotto, Nudelteig, Meeresfrüchten, Fisch und Vanillesauce. Echten Safran kauft man in Fäden; er ist leider sehr teuer. Spanischer Safran ist etwas günstiger. Ich verwende persischen. Zum Färben nehme ich Safranpulver und gebe es erst am Schluss dazu.

**Salsiccia** • besonders schmackhafte italienische Mettwürste. Ich verwende für die Rezepte keine getrockneten, sondern immer frische. Sie können auch Bratwurstbrät in sehr guter Qualität nehmen, dann aber noch mit ein wenig Piment würzen.

**Salz** • Salz bindet Wasser, entzieht den Speisen Feuchtigkeit und gilt allgemein als Geschmacksverstärker. Von den vielen verschiedenen Sorten verwende ich vor allem diese drei: **Meersalz** • grobes Salz, das nicht beißend salzig schmeckt. Es eignet sich besonders für Gerichte, die lange gekocht werden müssen, z. B. für Nudelwasser und Polenta. **Jodsalz** • mit Jod versetztes Siedesalz, das ich an Gerichte gebe, die zum Schluss gewürzt werden. **Fleur de Sel** • ein besonders seltenes und wertvolles Salz; es kommt aus Frankreich

oder anderen Mittelmeer- oder Atlantikstaaten. Die Salzkristalle sind wie Blumen geformt und entstehen in Salzgärten beim Verdunsten auf der Oberfläche des Meerwassers. Fleur de Sel enthält einen hohen Anteil von Magnesium und Jod, ist sehr mild und kaum bitter. Ich würze oder garniere damit Gerichte wie den Savarin auf Safran. Auch für Kurzgebratenes benutze ich es gerne, z. B. für meinen Kalbsrücken. Ich gebe das Salz dann erst zum Schluss dazu. Es sollte sich durch die Kochwärme nicht auflösen, damit man die Salzkristalle beim Essen noch schmecken kann.

**Sardellen** • in der italienischen Küche häufig verwendet. Ich kaufe sie meistens in Öl oder Salz eingelegt. Wenn sie in Salz eingelegt sind, sehr gründlich abspülen. Ich verwende in vielen Saucen statt Salz lieber ein bis zwei klein geschnittene Sardellen, denn sie sind deutlich gesünder.

**Schalotten** • Längliche französische Zwiebeln. Sie werden wie herkömmliche Zwiebeln geschält und schmecken mild und leicht knoblauchartig.

**Steinpilze** • Getrocknete Steinpilze sollten Sie wie ich immer im Haus haben. Gemahlen sind sie außerdem ein wunderbares Gewürz.

**Tomaten** • die grundlegende Zutat der italienischen Küche! Achten Sie auf die Qualität: Die Tomaten sollten fest und rot sein. Kirschtomaten schmecken süßlich und kommen in der Sonne gereiften Tomaten am nächsten. Sie sind in Deutschland das ganze Jahr über erhältlich. Für das Tomatensugo können Sie auch Strauchtomaten oder Eiertomaten verwenden. Da man in Deutschland ganz selten richtig sonnengereifte Tomaten erhält, empfehle ich, gute italienische Tomaten aus dem Glas zu nehmen.

**Trüffel** • Der weiße Trüffel wird wie ein Diamant gehandelt. Ein Kilo kann zwischen 4000 und 5000 Euro kosten. Meine weißen Trüffel kommen aus Alba im Piemont und sind die Besten! In einer guten Saison sind sie von Mitte September bis Mitte Dezember zu bekommen. Ich hoble sie direkt am Tisch über die Pasta. Schwarze Trüffel sind erheblich günstiger als weiße Trüffel. Ich säubere sie mit einer kleinen Bürste und Wasser und entferne die schwarze Haut. Auch schwarze Trüffel gare ich nicht mit, sondern verwende sie genau wie die weißen. Da sie nicht so geschmacksintensiv sind, gebe ich meist noch etwas Trüffelbutter dazu.

# WEINE

Mit diesem Überblick über die Weine, die ich zu den einzelnen Gerichten vorgeschlagen habe, möchte ich Ihnen einen Eindruck von den vorherrschenden Geschmacksmerkmalen dieser Weine geben. Sie können diese Weine über gut sortierte italienische Weinhandlungen, aber auch über Spezialisten im Internet beziehen, z. B. über www.inVino.de.

## *Weißwein*

**Arneis** • Diese Rebsorte wird in Piemont kultiviert. Aus ihr werden trockene, frischduftige Weißweine gekeltert, die in ihrer Jugend einen leichten Mandelgeschmack entfalten. **Capitel Croce** • Ein feinwürziger trockener Soave von Roberto Anselmi, der wegen seiner Aromenvielfalt als einer der großen italienischen Weißweine ausgezeichnet wurde. **Chardonnay** • Aus der weitverbreiteten Chardonnay-Traube werden einfache bis hochwertige Weißweine gekeltert. Durch unterschiedlichen Ausbau – auch Barrique – zeichnen sie sich durch reichen Duft und Geschmacksnoten von Pfirsich und Vanille bis zu Kaffee, Rauch und Eichenwürze aus. **Falanghina** • Frisch und fruchtig mit Nuancen von grünen Äpfeln und Bergamotte, erinnert dieser Wein mit seinem lang anhaltenden Geschmack und der angenehmen Säure an grüne Ananas. **Franciacorta Brut** • Der nach der Champagnermethode hergestellte Spumante aus der Lombardei zählt zu den besten Italiens. **Fiano di Avellino** • Diese Rebsorte wird in Kampanien angebaut. Aus ihr werden delikate und nachhaltige Weine gekeltert, deren Geschmack an Haselnüsse und bittere Mandeln erinnert. **Gavi** • Dieser Weißwein gehört zu den beliebtesten Italiens. Er ist fruchtig und aromatisch, ein wenig herb und hat eine Nuance Zitrone. **Grechetto** • Der Geschmack dieses frischen, vollfruchtigen und runden Weines erinnert an Aprikosen und Pfirsiche. **Greco di Tufo** • Dieser trockene Weißwein aus Süditalien hat eine fruchtige Basis mit Mandelnote. **Lugana** • Ein vollmundiger, fruchtiger Wein vom südlichen Gardasee, nach reifen Früchten, Pfirsichen und Äpfeln duftend und von einer schönen, mineralischen Säure durchzogen. **Moscato** • Ein süßer, aromatischer und eigenwilliger Dessertwein aus dem Piemont mit einem angenehmen Muskataroma. **Orvieto Classico** • Der Duft dieses Weines ist frisch und angenehm. Im Geschmack ist er würzig, harmonisch und mit leicht bitterem Hintergrund. **Pinot Bianco** • Der Wein aus der Weißburgunder-Traube erinnert in seinem Aroma an Akazien, Aprikosen, Zitronen und Karamell.

Er ist geprägt von einer feinen Säure. **Pinot Grigio** • Seine Frische, das zart blumige Bukett und die Fruchtnoten kombiniert mit einer milden Säure, machen ihn zu einem der beliebtesten Weißweine. **Prosecco** • Prosecco ist eine weiße Rebsorte, die durch den Zusatz von Kohlensäure zu Schaumwein (P. spumante) bzw. Perlwein (P. frizzante) verarbeitet wird. Der Geschmack ist köstlich frisch und fruchtig. **Ribolla Gialla** • Der Duft dieses Weines erinnert an Akazienblüten, Kastanie und Eiche. Im Geschmack ist er delikat, trocken, zitronig und mit seinem durchschnittlichen Alkoholgehalt einladend und bekömmlich. Er wird nur im Friaul angebaut. **Sauvignon (Bianco)** • Mit einem zarten Duft nach Feigen und Limetten, ist dieser Wein leicht würzig, trocken und lang anhaltend im Geschmack. **Soave** • Dieser frische, trockene Weißwein mit leichtem Mandelgeschmack duftet intensiv fruchtig nach Wein- und Kirschblüten. **Spumante** • Die italienischen Schaumweine, Spumanti, bestechen durch ihren leichten und feinen, sehr fruchtigen Geschmack. Sie werden in Faß- oder Flaschengärung hergestellt. Besonders trockene Spumanti werden auch als Brut bezeichnet. **Terre di Tufi** • Ein ausgewogener Wein, voll, frisch und lang anhaltend im Geschmack mit einer angenehmen Schlussnote aus Holz. **Tocai Friulano** • Die ertragreiche Sorte erbringt einen frischen und blumigen Wein mit Mandel-Bukett. **Trebbiano** • Die weiße Rebsorte ist eine der ältesten und meistangebauten Italiens. Reinsortige Weine aus Trebbiano sind frisch, blumig und sollen jung getrunken werden. **Verdicchio** • Sortenrein angebaut ergeben sich erfrischende, leichte Weine mit einem starken Duft nach Pfirsich und Apfel. **Vermentino** • Leichter, frischer Weißwein mit einem Hauch von Zitrusblüte und zarter Mandelnote. Süße und Säure sind wunderbar ausgewogen. **Vernaccia di San Gimignano** • Ein frischer Wein von strohgelber Farbe mit lang anhaltendem harmonischem Geschmack mit einer leicht bitteren Note im Abgang.

# Rotwein

**Aglianico Rosso** • Eine in Süditalien weit verbreitete Rotweintraube. Mit einem Duft von roten Beeren und Gewürzen, besitzt dieser samtige, volle Wein einen ausgewogenen, holzwürzigen Geschmack mit Mandelaroma. **Barbaresco** • Frisch geöffnet, ist dieser große Wein weich und samtig. Nach 2–3 Stunden in der Karaffe entfaltet er sein volles Aroma, das an Kräuter und Kirsche erinnert. **Barbera** • Die Weine dieser Rebsorte gelten als kraftvoll und frisch mit ausgeprägten Aromen von roten Beeren, Kirsche und Pflaume. **Barolo** • Ein voluminöser und fruchtiger Wein, tanninreich, wuchtig und zart zugleich. Er entfaltet seinen Duft nach Kirsche, Pflaumen und Himbeeren und seine Geschmacksaromen erst nach einigen Jahren. Er überzeugt durch eine gut integrierte Säure. **Brunello di Montalcino** • Dieser edle, volle, hocharomatische Wein mit Nuancen von Veilchen, Iris und Vanille, hat einen sehr hohen Alkoholgehalt. **Cabernet Sauvignon** • Feine Röstaromen und Aromen von schwarzen Beeren zeichnen diesen Wein aus, der langsam altert und im Geschmack an dunkle Schokolade und Zedernholz erinnert. **Chianti Classico** • Das Chianti-Anbaugebiet zwischen Florenz und Siena bringt einen Wein hervor, der nach Gewürzen, Waldbeeren und Vanille duftet und dessen Geschmack an Kirschen erinnert. **Merlot** • Der Merlot ist weich, harmonisch und schmeckt ein wenig nach Pflaumen. Er hat einen mittleren bis hohen Alkoholgehalt und wenig Säure. **Montefalco Rosso** • Dieser trockene und harmonische Wein besticht durch die Aromen von Brombeeren, Preiselbeeren und Gewürzen. **Montepulciano** • Ein reifer Beerenduft mit Nuancen von Pflaumen und Tabak geht dem kraftvollen und intensiven Geschmack dieses Weines mit hohem bis mittlerem Alkoholgehalt voran. **Morellino di Scansano** • Der Morellino gefällt mit seinem harmonischen Duft nach roten Früchten, schwarzem Pfeffer und einer Nuance Zimt. Dem gegenüber steht der fruchtige, lang anhaltende Geschmack. **Nebbiolo** • Nebbiolo ist eine rote Rebe, die in Italien vorwiegend im Piemont verbreitet ist und einen kräftigen und farbintensiven Rotwein ergibt. Sein Name leitet sich von »nebbia« der Nebel ab und deutet auf eine späte Lese hin. **Nero d'Avola** • Das intensive Aroma von Beeren, Sauerkirschen und Gewürzen wird durch einen Hauch Kaffee zu einem runden, weichen und vollmundigen Geschmack ergänzt. **Primitivo** • Die rote Rebsorte bringt einen tiefdunklen, charakterstarken und würzigen Wein mit kräftigem Alkoholgehalt hervor. **Refosco** • Würzig, voll und herzhaft im Geschmack und mit einem Duft nach Waldbeeren präsentiert sich dieser Wein, der nur im Friaul und in begünstigten Hügelzonen des Veneto gedeiht. **Ronco dei Roseti** • Bordeaux-Verschnitt aus Cabernet Sauvignon, Cabernet Franc und Merlot. **Rosso di Montalcino** • Ein feinwürziger Duft von Himbeeren und Veilchen sowie der gut ausbalancierte, fruchtige Geschmack mit feinen Holznoten machen diesen Wein süffig. **Sagrantino di Montefalco** • Ein intensiv fruchtiger Wein mit dem Duft von schwarzer Johannisbeere und Brombeere. Sein volles Aroma entfaltet er, wenn er zwei Stunden vor dem Servieren entkorkt wird. **Sangiovese** • Diese Rebsorte wird in der Toskana kultiviert. Ihre Weine zeichnen sich durch ihren würzigen Duft nach Waldbeeren aus. Mit prägnanter Säure ist der Geschmack ausgewogen und lang anhaltend. **Schioppettino** • Die rote Rebsorte stammt aus dem Gebiet zwischen Italien und Slowenien. Der Name bedeutet »Schrot«, was auf das starke Prickeln des Weines hindeutet. Sie erbringt einen dunkelroten, aromatisch-pfeffrigen Wein. **Syrah** • Syrah-Weine haben meist ein kräftiges Johannisbeer-Aroma, das ihnen einen vollfruchtigen Geschmack verleiht. **Taurasi** • Duftet nach Sauerkirschen und Veilchen. Sein Geschmack ist kräftig, voll und lang anhaltend. Den Wein mindestens eine Stunde vor dem Servieren entkorken. **Valtellina Sfursat** • Würzig duftend, granatrot, von kräftigem, schön gleichmäßigem Geschmack. Ein gehaltvoller, samtiger, runder Wein. **Valtellina sup. Sassella** • Ein fruchtiger Wein mit einem Aroma, das an kandierte Kirschen und Gewürze erinnert.

# REGISTER

Danielas Trattoria Romagnola
Heinrichstr. 39
64283 Darmstadt
Tel. 0 61 51 / 2 01 59

# GRAZIE

Dass dieses Buch entstanden ist, habe ich Elke und Heiner Wemhöner zu verdanken. Ich lernte sie vor ein paar Jahren über meinen Mann Camillo kennen. Er konnte die beiden so von seiner Musik begeistern, dass sie zwei CDs mit italienischen Balladen und Stücken für Gitarre mit ihm produzierten. Neben der Musik Italiens liegen den beiden auch besondere italienische Weine am Herzen, die sie nebenberuflich vertreiben, und auch die gute italienische Küche.

So überredeten sie mich schließlich, ein Kochbuch zu schreiben. Es entstand mein erstes privat vertriebenes Buch *Daniela. Vita al Dente*, auf dem ich mit diesem Buch nun aufbaue.

Ich danke euch, dass ihr mein Land und meine Küche so schätzt!

*Daniela*

DORLING KINDERSLEY
London, New York, Melbourne, München und Delhi

Bibliografische Information Der Deutschen Bibliothek
Die Deutsche Bibliothek verzeichnet diese Publikation in der Deutschen Nationalbibliografie; detaillierte bibliografische Daten sind im Internet über http://dnb.ddb.de abrufbar.

© Dorling Kindersley Verlag GmbH, Starnberg, 2005
2. Auflage 2006

**Programmleitung** Monika Schlitzer
**Projektbetreuung** Nicola Aschenbrenner
**Herstellungsleitung** Dorothee Whittaker
**Herstellung** Anna Strommer

**Fotografie** Brigitte Wegner

**Konzeption Text und Layout** Steuer – Agentur für Kommunikation KG
**Redaktion** Adelheid Blecke, Christiane Frohne, Karine von Rumohr
**Satz, Layout, DTP** Katharina Strößner
**DTP und Lithografie** Lukas Kawa

ISBN 10: 3-8310-0797-7
ISBN 13: 978-3-8310-0797-4

**Druck und Bindung** Firmengruppe Appl, Wemding

Besuchen Sie uns im Internet
**www.dk.com**